Textbok

**Cecilia Fasth
Anita Kannermark**

GRUNDER

Svenska för invandrare • Kursverksamhetens förlag

Följande rättighetsinnehavare har lämnat tillstånd att trycka upphovsrättsskyddade texter:

Abraham Lundquist Musikförlag AB, Stockholm *Vi gå över daggstänkta berg* (musik Edwin Ericson, text Olof Thunman) s 53
Nils-Georgs Musikförlags AB, Stockholm *Lite grann från ovan* (musik och text Lasse Dahlquist) s 50
AB Nordiska Musikförlaget/Ehrlingförlagen AB, Stockholm *Flickorna i Småland* (musik Fridolf Lundberg, text Karl Williams) s 46
Luciasången (neapolitansk folkvisa, text Arvid Rosen) s 70
Otto Nordstrand, Stockholm *Änglamark* (musik och text Evert Taube) s 96
Britt Rutberg, Bromma *I folkviseton* (musik Torgny Björck, text Nils Ferlin) s 89
Bo Setterlind, Strängnäs *En sång om frihet* (musik Mikis Theodorakis, svensk text Bo Setterlind) s 100

Kopieringsförbud:

Detta verk är skyddat av upphovsrättslagen! Kopiering är förbjuden utöver vad som anges i avtalet om kopiering i skolorna (UFB 4).

Den som bryter mot lagen om upphovsrätt kan åtalas av allmän åklagare och dömas till böter eller fängelse i upptill två år samt bli skyldig erlägga ersättning till upphovsman/rättsinnehavare.

Teckningar: Per Silfverhjelm
Omslag: Dagmar Hellstam och Per Silfverhjelm
Redaktör: Dagmar Hellstam

Femte upplagan
© 1989 Cecilia Fasth, Anita Kannermark och
Kursverksamhetens förlag, Lund

Tryckt hos Skogs Grafiska AB, Malmö 1995
ISBN 91-7434-373-4

Förord

Läromedlet GODA GRUNDER bygger på de tankegångar som presenteras i läroplanen för grundläggande svenskundervisning för vuxna invandrare, L grund-sfi-1986.

GODA GRUNDER är i alla delar verklighetsanknutet och ger goda möjligheter till en kommunikativ metodik. Materialet stimulerar språkanvändningen och främjar en aktiv inlärning. Tonvikten är lagd på att praktiskt öva det språk som förekommer i vardagliga och för eleverna viktiga situationer.

De tjugo avsnitten i textboken är skrivna kring teman genom vilka man kan utvidga samhällsorienteringen allt efter elevernas behov, intressen och förutsättningar. Därigenom ges även kunskap om Sverige och svenska förhållanden.

Läromedlet består av komponenterna:

— textbok
— övningsbok
— ordlistor
— bandmaterial
— facit

— lärarpärm
handledning
kopieringsunderlag
bildsats

Innan man börjar med avsnitt 1 i Textboken och Övningsboken, bygger man upp ett litet ordförråd samt presenterar några grammatiska termer. Material och övningar till detta finns i Övningsboken och i Lärarpärmen. (Se Lärarhandledningen s 30—38.)

Med GODA GRUNDER vänder vi oss i första hand till vuxna invandrare inom den grundläggande svenskundervisningen. Materialet kan dock även användas i annan typ av nybörjarundervisning i svenska, såväl inom som utom Sverige.

Vi vill tacka de elever vid Kursverksamheten vid Lunds Universitet i Malmö som gjort det möjligt för oss att utprova läromedlet. Vi vill dessutom tacka Anita Andersson som granskat materialet, gett oss värdefulla och konstruktiva synpunkter samt bidragit med uttalsmetodiken i GODA GRUNDER.

Författarna

Innehåll

Ämnesområden som tas upp i de enskilda avsnitten anges här under varje huvudrubrik.

1 Sverige 5
Geografi Sverige-hemlandet Kommunikationsmedel

2 Hemma igen 5
Bostad Dagsprogram Telefon

3 Vem är Per? 12
Personuppgifter Bostad Familj Skola

4 Född i Finland — bor i Sverige 14
Personuppgifter Familj Arbete Social hemtjänst

5 I personalrummet 16
Personuppgifter Arbete

6 Vart går den här bussen? 22
Kommunikationer Närmiljö

7 Kan jag få tala med Per? 24
Telefon Telefonkatalogen

8 Några ärenden på stan 26
Livsmedelsaffär Alkoholförsäljning Posten Blanketter

9 I affärer 29
Sko/klädaffär Frisersalong

10 Ja, må han leva! 35
Umgängesvanor Taxi Mat och dryck

11 En resa i södra Sverige 40
Geografi/historia Näringsliv Fritid Väder Trafik Mat och dryck

12 På fritiden 52
Fritid

13 Krya på dig! 57
Sjukförsäkring och sjukvård

14 Tiden går fort 68
Skola och utbildning Helger och traditioner

15 Att stå på egna ben 78
Bostad Arbete Skola och utbildning Trafik

16 En levnadsbeskrivning 83
Arbete Skola och utbildning Invandrare i Sverige

17 Att leva tillsammans 86
Familj Barn Bostad Pension

18 Sverige under 100 år 91
Historia Skatter Invandring Miljö Fredsfrågor

19 Vart fjärde år 97
Sveriges styrelseskick

20 Sverige — ett litet land i världen 101
Sverige i världen

Grammatiska översikter 104
Räkneord 104 Substantiv 105 Adjektiv 107 Adjektiv-adverb 109 Pronomen 110 Verb 112 Prepositioner 122 Adverb 123 Ordföljd 124 Några vanliga förkortningar i svenskan 128

1 Sverige

En ung man, Per Andersson, sitter på tåget mellan Stockholm och Malmö. Han åker hem till Malmö efter åtta månader i Enköping.

Per läser tidningen. En liten flicka, Lena, sitter bredvid
5 Per. Hon tittar på en karta över Sverige.

Per Vad läser du?
Lena Jag läser inte. Jag tittar på en karta över Sverige.
Per Jaså.
Lena Du, hur många invånare finns det i Sverige?
10 Per 8,5 miljoner.
Lena Och i Stockholm?
Per Cirka 1,5 miljoner.
Lena Vad sa du?
Per En och en halv miljon.
15 Lena Jaha.

Lena Det finns två stora öar här. Vad heter de?
Per Öland och Gotland.
Lena Och här är två stora sjöar.
Per Ja, det är Vänern och Vättern.

---

5 *Lena* I norra Sverige ligger ett berg. Vad heter det?
Per Kebnekaise.
Lena Och det ligger en stad nära Kebnekaise. Vad heter den?
Per Den heter Kiruna.

---

10 *Per* Var bor du?
Lena I Malmö, men jag är från Danmark.
Per Jaså. Kommer du från Köpenhamn?
Lena Ja. — Du, titta här på kartan! Är det här Göteborg?
Per Ja.

15 *Konduktören* Nästa Malmö!

Tåget kommer till Malmö Central klockan tre.

Per Hej då!
Lena Hej då!

Sverige

Skriv de geografiska namnen här!

1 _____

2 _____

3 _____

4 _____

5 _____

6 _____

7 _____

8 _____

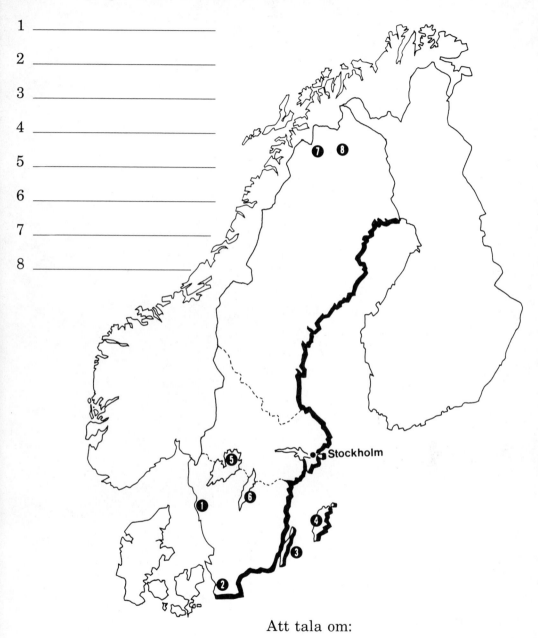

Att tala om:

Geografi: Sverige — hemlandet
Kommunikationsmedel

2 Hemma igen

Per vaknar klockan 9 på morgonen. Han stiger upp. Han duschar och borstar tänderna i badrummet.
5 Per äter frukost och läser tidningen i köket.
Han klär på sig och bäddar sängen.
Gustav, Pers pappa, är hemma.
10 Han och Per sitter och pratar på förmiddagen.

Per ringer till en kamrat på eftermiddagen.

Torbjörn Torbjörn Larsson.
Per Hej, det är Per.
Torbjörn Hej Per! Är du hemma?
5 *Per* Ja, jag kom igår. Hur är det?
Torbjörn Det är bra. Du, kan jag ringa dig efter klockan åtta?
Per Javisst.
Torbjörn Ja, hej då! Vi hörs.
Per Hej då!

Prepositioner på   framför
i   bakom
vid   mellan...och
över
under

3 Vem är Per?

Torbjörn lägger på luren. Han går in till Eva som sitter i vardagsrummet.

	Eva	Vem var det?
	Torbjörn	Det var Per, en kompis.
5	Eva	Är han från Malmö?
	Torbjörn	Mm, han är född här.
	Eva	Jaså, var bor han?
	Torbjörn	På Nydalavägen, hemma hos sina föräldrar.
	Eva	Jaha.
10	Torbjörn	Ja, de har en stor lägenhet på fem rum och kök i ett höghus. De bor på andra våningen.
	Eva	Var ligger Nydalavägen?
	Torbjörn	På Nydala, ett bostadsområde i södra Malmö.
	Eva	Javisst, ja.

Eva	Du, hur gammal är Per?
Torbjörn	Han är 20 år.
Eva	Är han gift?
Torbjörn	Nej, det är han inte.
5 *Eva*	Har han några syskon då?
Torbjörn	Ja, en syster och en bror, Kerstin och Jan, men de bor inte i Malmö.
Eva	Nähä.

Eva	Vad gör Per?
10 *Torbjörn*	Ingenting just nu. Han slutade gymnasieskolan förra året. Sedan gjorde han lumpen i Enköping. Han kom tillbaka till Malmö igår. Nu vill han arbeta lite. Sedan ska han börja på universitetet.
15 *Eva*	Jaså, ska han läsa i Lund?
Torbjörn	Ja.
Eva	Du, kan vi inte träffa Per en kväll?
Torbjörn	Jovisst.

Att tala om:

Personuppgifter
Bostad
Familj
Skola

4 Född i Finland – bor i Sverige

Klockan är tre på eftermiddagen. Pers föräldrar, Inga och Gustav, är på sina arbeten.

Inga åkte hemifrån klockan halv åtta i morse. Gustav körde till jobbet klockan halv ett.

5 Inga arbetar som vårdbiträde. Hon lagar mat, diskar, tvättar, bäddar och städar hemma hos människor som behöver hjälp. Ibland går hon också till affären och handlar åt dem.

Inga är 57 år. Hon är född i Helsingfors i Finland, men hon har bott i Sverige i många år. Inga är svensk medborgare,
10 och hon talar både svenska och finska.

Inga har varit gift med Gustav i 35 år. Hon var hemmafru i 25 år. Sedan började hon arbeta. Inga tycker att det är roligt att arbeta. Hon trivs med arbetet som vårdbiträde.

Att tala om:

> **Personuppgifter**
> **Familj**
> **Arbete**
> **Social hemtjänst**

person's details

council home help

5 I personalrummet

Klockan är ett. Några busschaufförer sitter i personalrummet. De dricker kaffe och pratar. Vid ett bord sitter en ensam man.
Gustav går fram till honom.

5 Gustav Är det ledigt här?
  Istvan Javisst, varsågod.
  Gustav Jag heter Gustav.
  Istvan Istvan.
  Gustav Är du ny här?
10 Istvan Ja, det är jag. Jag började här igår.
  Gustav Jaså. Välkommen hit!
  Istvan Tack ska du ha.

Istvan	Hur länge har du arbetat här?
Gustav	I 25 år.
Istvan	Ojdå! — Bor du här i stan?
Gustav	Ja, det gör jag. Och du?
5 Istvan	Jag bor utanför Malmö, i Svedala.
Gustav	Gör du? Hur trivs du där?
Istvan	Bra. Bättre än i Malmö.
Gustav	Jaha du. Ja, jag är född på landet i en by nära Älmhult.
10 Istvan	Jaså, var ligger det?
Gustav	I Småland.
Istvan	När kom du till Malmö då?
Gustav	För 35 år sedan.
Istvan	Jaha.
15 Istvan	Är du gift?
Gustav	Ja, det är jag, och jag har tre barn. — Nej oj, vad klockan är mycket! Jag ska börja jobba om fem minuter. Jag måste gå nu.
Istvan	Ja hej då! Vi ses. Jag ska hem nu. Jag är ledig i 20 eftermiddag.

Istvan åker hem, och Gustav går till bussen. Gustav har inte samma arbetstider varje dag. Varannan vecka arbetar han mellan sex och två, varannan vecka mellan två och tio. Han arbetar också var tredje helg.

Att tala om:

Personuppgifter
Arbete

Morgon i stan

På gatan

Torghandel

6 Vart går den här bussen?

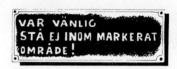

Gustav sitter i bussen. Många människor stiger på. Först kommer Torbjörn. Han hälsar på Gustav och visar sitt månadskort. Sedan sätter han sig bak i bussen.

En liten flicka stiger på. Hon vet inte var hon ska stiga av.

5 *Lena* Jag ska till Diakongatan. Var ska jag stiga av?
Gustav På Broddastigen.
Lena Kan du säga till när vi är där?
Gustav Javisst.
Lena Tack.

10 Sedan kommer en gammal kvinna. Hon vill veta om bussen går till sjukhuset.

Kvinnan Ursäkta, går den här bussen till sjukhuset?
Gustav Nej. Då får ni ta 35:an.
Kvinnan Jaså, varifrån går den då?
15 *Gustav* Från andra sidan torget.
Kvinnan Tack så mycket.

En ung man frågar om bussen går till Stadsteatern och hur lång tid det tar dit. 33:an går den vägen. Det tar tio minuter dit.

Snart är det mycket folk på bussen.

5 *Gustav*   Fortsätt bakåt i vagnen!

Gustav börjar köra. Vid tredje hållplatsen ska Torbjörn stiga av. Det är trångt, och han försöker komma fram. Vid mittdörren står en flicka med en barnvagn. Hon ska också stiga av. Hon frågar om Torbjörn kan hjälpa henne. Han
10 hjälper henne, och hon tackar honom. Sedan kör bussen vidare.

Att tala om:

| Kommunikationer |
| Närmiljö |

7 Kan jag få tala med Per?

Torbjörn stiger av bussen och går hem för att ringa till några kamrater. På fredag är det den 14 juli. Då fyller Torbjörn år, och han ska ha en liten fest. Igår pratade han med Malin, Eva och Sara. De kommer på festen.

5 Klockan är fem. Telefonen ringer hemma hos Anderssons.

Inga   Inga Andersson.
Torbjörn   Hej, det är Torbjörn.
Inga   Hej, hur är det med dig?
Torbjörn   Jo, det är bra. Kan jag få tala med Per?
10 *Inga*   Nej, han är inte hemma. Kan du ringa lite senare?
Torbjörn   Javisst. Hej då!
Inga   Hej då!

En timme senare, klockan sex, slår Torbjörn Pers nummer
15 igen.

Fru Blad   14 86 57.
Torbjörn   Hej, det är Torbjörn igen. Har Per kommit hem?
Fru Blad   Per? Här finns ingen Per.
20 *Torbjörn*   Är det inte 14 86 47?
Fru Blad   Nej, det här är 14 86 57.
Torbjörn   Oh, ursäkta! Då har jag ringt fel.
Fru Blad   För all del.

Nästa gång slår Torbjörn rätt nummer.

25 *Inga*   Inga Andersson.
Torbjörn   Ja hej, det är Torbjörn igen. Har Per kommit hem?
Inga   Ja, ett ögonblick.

Per	Hallå, Torbjörn!
Torbjörn	Tjänare! Du, jag ska ha fest på fredag. Har du lust att komma?
Per	Ja, gärna. Vad kul! Hur dags är det?
5 Torbjörn	Klockan sju.
Per	Okej, vi ses på fredag.
Torbjörn	Ja, då säger vi så. Hej då!
Per	Hej då!

Torbjörn har glömt Anettes telefonnummer. Innan han
10 ringer till henne slår han upp det i telefonkatalogen. På kvällen pratar han också med Nisse som gärna vill komma på festen.

Att tala om:

Telefon
Telefonkatalogen

8 Några ärenden på stan

Torbjörn sitter hemma och planerar för festen. Han tänker på vad de ska äta och dricka. Han tänker också på hur mycket det kostar.

Torbjörn kör till centrum. Han parkerar bilen vid torget.

5 Först går Torbjörn till posten för att hämta ett paket och ta ut lite pengar. På posten måste han visa legitimation.

Sedan går Torbjörn till ett varuhus och handlar. Han tar en vagn och lägger varorna i den.

Vid delikatessdisken tar han en nummerlapp och väntar
10 en stund.

Expediten 97.
En kund Det är här. Kan jag få ett hekto kokt skinka? Tunna skivor, tack.
Expediten Ja tack. Något annat?
15 *En kund* Ja, kan jag få två sådana också?
Expediten Ja tack, två fläskkorvar. Något annat?
En kund Nej tack. Det är bra så.
Expediten Varsågod. — 98.

Torbjörn	Ja, det är jag. Kan jag få tre kycklingar?
Expediten	Ja tack. Något mer?
Torbjörn	Nej tack. Det är bra så.
Expediten	Varsågod.
5 Torbjörn	Tack. — Förresten, var finns riset?
Expediten	I gång nummer 10.
Torbjörn	Tack.

Torbjörn hittar riset. Han går till kassan och betalar. Han lägger varorna i ett par kassar. Sedan går han och ställer
10 dem i bilen.

På torget köper Torbjörn frukt och grönsaker.

Vid torget ligger systembolaget. Där köper han några flaskor vin och några burkar öl. Sedan kör han hem för att förbereda festen. På hemvägen ser han Per som går in i en
15 skoaffär. Torbjörn tutar på honom. Per vänder sig om, skrattar och vinkar.

Att tala om:

Livsmedelsaffär
Alkoholförsäljning
Posten (blanketter)

Expeditionstider
Måndag - Fredag
09.00 - 18.00
Lördag
09.30 - 13.00

De här blanketterna lämnar Torbjörn på posten:

9 I affärer

Expediten	Kan jag hjälpa till?
Per	Ja, jag skulle vilja prova de här skorna.
Expediten	Jaha. Vilken storlek har du?
Per	44.
5 Expediten	Vänta lite, så ska jag hämta den andra skon.
Per	Tack.

Per behöver ett par nya skor. Han har varit i ett par affärer, men han har inte hittat några skor som passar. De ska vara snygga, bekväma och billiga. I den här affären ser han
10 många snygga skor. Kanske...

Expediten	Så där ja. Här är båda. Varsågod.
Per	Tack.

Per provar skorna. Han går lite fram och tillbaka.

Expediten Hur känns de?
Per Nja, jag tycker att de klämmer lite. De är nog för små. Kan jag få prova en storlek större?
5 *Expediten* Ja, jag ska se om vi har dem i storlek 45. Ett ögonblick.

Efter en stund kommer expediten tillbaka.

Expediten Tyvärr, de är slut i den storleken.
Per Finns de i 44 1/2?
10 *Expediten* Nej, vi har inte halvnummer i den modellen.
Per Det var synd, men tack för hjälpen.
Expediten För all del. Välkommen åter en annan gång!

Mittemot skoaffären ser Per en skylt.
"Jag måste nog gå dit med mina gamla skor," tänker han.

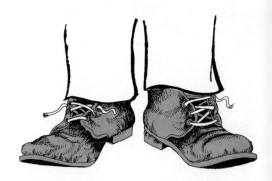

15 Per går vidare till ett varuhus i centrum. Han tänker i alla fall köpa en ny skjorta till festen i kväll.

På avdelningen för herrkläder hänger många skjortor i olika modeller, färger och storlekar. Per går och tittar och känner på skjortorna. Ett affärsbiträde kommer fram till
20 honom.

Biträdet Kan jag hjälpa till med något?
Per Nej tack, jag tittar bara.
Biträdet Säg till om du behöver hjälp.
Per Ja tack.

Exempel på märkning

De här uppgifterna måste finnas
på varje plagg:
Skötselråd (t ex tvättemperatur,
stryktemperatur)
Material (t ex 50 % ylle, 50 % acryl)
Storlek (t ex 46, 48 ..., XS, S, M, L, XL)
Tillverkningsland (t ex tillverkad
i Sverige, made in Hongkong)

Per väljer ut tre skjortor. Han går fram till biträdet.

Per Jag skulle vilja prova de här skjortorna.
Biträdet Ja, det går bra. Hur många plagg är det?
Per Tre stycken.
5 *Biträdet* Tre. — Varsågod, här är en bricka.
Per Var är provhytterna?
Biträdet Där borta — till vänster om jackorna.
Per Tack.

Per provar skjortorna. Den första passar inte. Den är för
10 stor. Den andra passar inte heller. Ärmarna är för korta.
Den tredje skjortan sitter bra och färgen är snygg, tycker
Per. Han bestämmer sig för att köpa den.

Per Jag tar den här. Hur ska jag tvätta den?
Biträdet Den ska tvättas i 60°. Det sitter ett märke bak
15 i kragen. Där står det hur du ska sköta skjortan.
Per Javisst, ja. Tack för hjälpen.
Biträdet Tack, tack.

På väg ut från varuhuset möter Per Sara, en klasskamrat till Torbjörn. De stannar och pratar lite.

Sara Hejsan Per! Hur är det?
Per Det är bra. Och du då?
5 *Sara* Fint. Du ska väl också gå till Tobbe i kväll?
Per Javisst. Det ska bli kul.
Sara Du har handlat, ser jag.
Per Mm. Du också?
Sara Ja, jag har köpt en kjol, men jag vet inte om den
10 passar.
Per Har du inte provat den?
Sara Nej, det var så lång kö utanför provhytten, och jag har bråttom. Jag ska till frissan.
Per Jaha du.
15 *Sara* Jag tog kjolen på öppet köp, så jag kan lämna tillbaka den om den inte passar.
Per Jaså.
Sara Nej, nu måste jag skynda mig. Hej då! Vi ses i kväll!
Per Ja, det gör vi. Hej då!

Sara kommer in på frisersalongen.

Sara Hej, jag heter Sara Berggren. Jag ska klippa mig.
Frisören Hej! Har du beställt tid?
Sara Ja, jag har tid klockan fyra.

5 Frisören tittar i beställningslistan.

Frisören Jaha, det stämmer. Varsågod och sitt här!
Sara Tack.

Sara sätter sig och tar en veckotidning. Snart står frisören bakom henne.

10 Frisören Hur vill du ha håret?
Sara Jag vill ha det ganska kort vid öronen men inte så kort i nacken.
Frisören Jaha.

Frisören klipper. Sedan tar han en spegel och visar Sara nacken.

Frisören Tycker du att det är bra så?
Sara Ja, det är fint.
5 *Frisören* Ska jag föna håret också?
Sara Ja tack.

Efter en stund är Sara färdig. Hon reser sig från stolen, betalar och går hem för att göra sig fin till festen.

Att tala om:

Sko/klädaffär
Frisersalong

10 Ja, må han leva!

Gästerna har kommit. De sitter runt soffbordet i Torbjörns vardagsrum. Bordet är dukat. Per, Torbjörns bästa vän, hjälper till att bära in maten. Nu är allt klart.

Torbjörn Varsågoda! Skicka runt salladen, brödet och
5 smöret!

Alla börjar äta.

Torbjörn Skål och välkomna!
Alla Skål!
Sara Oh, vilken god sallad! Var har du köpt den?
10 *Torbjörn* Den har jag faktiskt gjort själv.

Malin	Va, är du så duktig?
Torbjörn	Äsch, duktig — men jag gillar att laga mat. Jag skulle gärna vilja jobba på någon restaurang eller på något hotell.
5 Per	Usch, nej, aldrig i livet! Det är jättetråkigt med matlagning.
Nisse	Malin, räck mig brödet, är du snäll! Har du bakat brödet också, Tobbe?
Torbjörn	Nej, det har jag köpt.
10 Anette	Kan jag få lite mer sallad?
Torbjörn	Javisst. Varsågod.
Sara	Snälla Nisse, ge mig lite smör!
Nisse	Varsågod.

Snart är salladen slut, och det finns bara några brödskivor
15 kvar. Plötsligt knackar Nisse i glaset, reser sig upp och harklar sig.

Nisse   Nu föreslår jag att vi sjunger för Torbjörn.

Alla   Ja, må han leva! Ja, må han leva! Ja, må han leva uti hundrade år!
20   Javisst, ska han leva. Javisst, ska han leva. Javisst, ska han leva uti hundrade år!

Nisse   Ett fyrfaldigt leve för Torbjörn! Han leve!
Alla   Hurra, hurra, hurra, hurra!
Nisse   Skål och grattis Torbjörn!
25 Torbjörn Skål! — Tack ska ni ha!

Malin tar fram sina cigarretter.

Malin   Får jag röka?
Torbjörn Javisst. Jag ska hämta askfat.

Paul tar också fram cigarretter och bjuder de andra, men
30 ingen vill ha.

Nisse   Nu är det ett år sedan jag slutade röka, och jag är faktiskt inte alls röksugen längre. Jag mår mycket bättre nu. — Malin, du röker för mycket.
Malin   Ja, ja, jag vet. Jag har försökt att sluta, men det går
35   inte.
Nisse   Det går, men det är svårt.

Festen fortsätter. De dansar, skrattar och pratar.

Vid tvåtiden ringer det på dörren. Det är Torbjörns granne. Han har pyjamas, morgonrock och tofflor på sig. Han ser trött ut.

5 *Grannen* Kan ni inte vara lite tystare? Jag måste sova. Jag ska börja jobba tidigt i morgon bitti.
Torbjörn Oj då! Förlåt att vi har stört dig. Det var inte meningen. Jag ska genast skruva ner musiken.

Anette	Torbjörn, får jag låna telefonen? Jag ska ringa efter en taxi.
Torbjörn	Visst. Telefonen är i köket.
Anette	Tack.
5 *Anette*	God kväll! Kan jag få en taxi till Lugna gatan 80?

Efter en stund kommer taxin. Anette och Paul tackar och åker hem. Lite senare går Sara, Malin och Nisse. De bor inte så långt från Torbjörn, så de promenerar hem. Per kör bil.

Per	Jag kan köra dig hem, Eva.
Eva	Tack, det var snällt.
Per	Hej då, Tobbe! Tack för i kväll.
Torbjörn	Hej då! Vi ses.
5 Eva	Hej då!
Torbjörn	Hej, hej!

När alla har gått, öppnar Torbjörn fönstren. Han dukar av och tömmer askkopparna.
"Jag diskar och städar i morgon," tänker han.

Att tala om:

> **Umgängesvanor**
> **Taxi**
> **Mat och dryck**

11 En resa i södra Sverige

Det är mycket trafik ute på vägarna nu. Det är inte så konstigt, för den stora industrisemestern har börjat. Även Anettes föräldrar, Birgit och Sven Öberg, är lediga. De har Anette och Paul med sig på en resa i södra Sverige. Redan
5 tidigare har de besökt många platser i Skåne.

Första dagen

På förmiddagen kommer de till Karlshamn. Det är en vacker, liten stad som ligger vid havet. Solen skiner och det är varmt. I Hamnparken dricker de kaffe och äter
10 smörgåsar.

Anette	Vad är det för en staty?
Birgit	Det är ett minnesmärke över de svenskar som utvandrade till USA på 1800-talet. Från Karlshamn reste många emigranter med båt till Nordamerika.

Paul lyssnar men förstår inte allt, så Anette översätter till franska.
När de har tittat på staden fortsätter de resan till Kalmar.
I Kalmar går de både till domkyrkan och slottet.
I slottet tittar de på de fina, gamla rummen och den lilla kyrkan. Just idag är det bröllop där, och de ser brudparet och alla gästerna.

Anette	Oh, så romantiskt! Här skulle jag vilja gifta mig.
Paul	Vad sa du?
Anette	Inget särskilt...

Sven   Nej, nu måste vi äta. Jag är hungrig. Var ska vi äta middag, tycker ni?
Birgit Vi kan köra till vattentornet. Där finns det en restaurang.
5 De andra Okej, det låter bra.

Från vattentornet har man en fin utsikt över staden. Man kan också se Öland och Ölandsbron därifrån.

Anette Så vackert det är! Hur gammal är bron?
Sven   Den blev klar 1972.
10 Anette Den är lång. Hur lång är den egentligen?
Sven   Ungefär 6 km.

När de har ätit, kör de till Öland. Mitt på bron är det en lång kö med bilar och husvagnar. De möter en ambulans som är på väg till Kalmar.

15 Birgit Usch, det har nog hänt en olycka.

Lite längre fram ser de två poliser som dirigerar trafiken. En personbil har kört på en husvagn.

Snart är de framme på Öland, och de kör norrut till Borgholm.
20 Där går de till Turistbyrån och frågar om det finns några rum att hyra för en natt. Det finns det.

Anettes föräldrar är lite trötta, så de går och lägger sig tidigt på kvällen. Anette och Paul går ut och tittar på staden.

*Är näktergalen kommen i lund
fallerallanla, fallerallanla?
Oh ja, min kund fallerallanla
nu börjar Ölands vår.*
*Välkommen upp från Kalmar Sund
fallerallanla, fallerallanla!
Välkommen upp från Kalmar Sund
där farlig Sunnan går!*

(Vid Färjestaden, musik Sven Scholander, text
Erik Axel Karlfeldt)

Andra dagen

Nästa morgon blåser det mycket, men solen skiner och himlen är blå. De ska köra till norra Öland och ta båten till Gotland. På sommaren kan man åka båt dit från Öland.

Birgit   Jag måste se Solliden innan vi lämnar Öland.
Paul   Solliden, vad är det?

Birgit berättar att det är ett slott och att kungafamiljen bor där varje sommar.

På Solliden tittar de på den stora, fina parken, och de ser också det vackra, vita slottet. Många turister går omkring och fotograferar. Alla hoppas att få se kungen, drottningen eller barnen.

Medan de är på Solliden börjar det blåsa mer och mer. När de kommer tillbaka till bilen är det mulet och nästan storm.

Birgit Jag vill inte åka båt i det här vädret. Jag vet att
5 jag blir sjösjuk.
Sven Ja, men Paul måste ju se Gotland.
Anette Men pappa, jag brukar ju också må illa.
Paul Vad pratar ni om? Jag förstår inte allt.

Anette översätter, och Paul säger att han inte heller tycker
10 om att vara ute på havet när det blåser.

De sätter på bilradion och lyssnar på väderleksrapporten.

(*Radion*)... östra Götaland samt Öland och Gotland. Frisk vind som tilltar
15 i eftermiddag. Stormvarning för Öland och Gotland. Mulet och tidvis regn...

20 De stänger av radion.

Anette Ah, vi kör till glasbruken i stället. Jag kan berätta för Paul om Gotland.
Paul Vad sa du?
Anette Jag ska berätta för dig om Gotland.
25 *Paul* På svenska?
Anette Ja, jag ska försöka tala långsamt och tydligt.

44

På väg från Öland berättar Anette om Gotland.

Anette Gotland är den största ön i Sverige. Där finns det en stad som heter Visby. Runt den äldsta delen av staden finns det en ringmur. Man byggde den på 1200-talet.
Paul På 1200-talet?
Anette Ja. — Visby har också många gamla kyrkor. På sommaren kan man se många rosor i staden. Visby kallas ofta "Rosornas stad". Både på Öland och Gotland växer många ovanliga blommor, t ex orkidéer.
Paul Ja, jag såg många blommor på Öland. — Du, kan man flyga till Gotland?
Anette Ja, man kan flyga eller åka båt dit. På sommaren besöker många turister ön. Norr om Gotland ligger en annan ö som heter Fårö. Där bor många kända svenskar på sommaren. Förstår du vad jag säger, Paul?
Paul Ja, men inte allt.

Uti vår hage där växa blå bär.
Kom hjärtans fröjd!
Vill du mig något, så träffas vi där?
Kom liljor och akvileja!
Kom rosor och salivia!
Kom ljuva krusmynta!
Kom hjärtansfröjd!

(Uti vår hage, folkvisa från Gotland)

Boda, Orrefors och Kosta är tre stora glasbruk i Småland. Där kan man se hur man tillverkar glas, och man kan också köpa ganska billiga, fina glas där.

Paul tycker att det är mycket intressant. Han har aldrig varit på något glasbruk. Han köper en liten skål och ett par fina ljusstakar.

På lingonröda tuvor och på villande mo
där furuskogen susar, sussilull och sussilo
där kan man se dem en och en och stundom två och två
på lingonröda tuvor komma dansande på tå.
Det är flickorna i Småland, det är flickorna från mon.
Det är flickorna som vallmoblom och lilja och pion.
Det är flickorna i Småland, sussilull och sussilo
som går vallande och trallande på villande mo.

(Flickorna i Småland,
musik Fridolf Lundberg,
text Karl Williams)

Resan fortsätter till Växjö. De börjar bli hungriga. De går in på en liten restaurang för att äta lunch.

Sven   Finns det något ledigt bord för fyra?
Servitören Javisst. Varsågoda.

5 De sätter sig och tittar på matsedeln.

```
             DAGENS RÄTT 11.30-15.00
         inkl. mjölk/lättöl - bröd - kaffe


                                            Pris
    Köttbullar med kokt potatis             48:-
       och lingon
    Stekt sill med potatismos               48:-


                    À LA CARTE
    Rökt lax och spenat                     75:-
    Grillkorv och pommes frites             45:-
    Biff och pommes frites                  80:-
    Köttgryta med ris                       58:-
    Bacon, stekt ägg och stekt              48:-
       potatis
    Kall grönsakstallrik                    48:-


                     DESSERT
    Ostkaka med sylt och grädde             27:-
    Glass, frukt och vispgrädde             25:-
    Fruktsallad                             19:-
    Äppelkaka med vaniljsås                 27:-
```

En servitör kommer fram till dem.

Servitören Goddag! Vad får det lov att vara?
Birgit Jag skulle vilja ha stekt sill med potatismos. Och en lättöl, tack.
5 Servitören Jaha.
Sven Köttbullar för mig, tack.
Servitören Och vad vill ni ha att dricka?
Sven En Ramlösa, tack.
Anette Vi tar biff och pommes frites, eller hur Paul?
10 Paul Ja, det blir bra. Kan jag få ett glas rödvin också?
Anette Och jag en Coca-Cola?
Servitören Ja tack.

Efter en stund kommer servitören med maten.

15 Servitören Varsågoda! Smaklig måltid!
Alla Tack.

Medan de äter, pratar de om allt möjligt. Paul får veta att det finns många andra industrier i Småland, t ex trä- och metallindustrier.

20 När de är färdiga vill Paul betala för alla.

Paul Kan jag få betala?
Servitören Jaha, tack.

Servitören kommer med notan och Paul betalar.

Den andra kvällen stannar de i Halmstad. Där övernattar de på ett vandrarhem.

Tredje dagen

Morgonen därpå äter de frukost på en uteservering.

5 *Anette* Vi kan väl åka till Tylösand? Paul och jag vill bada.
Sven Javisst, men jag har lite ont i huvudet. Kan du köra, Anette?
Anette Ja, okej!

10 De kör ut ur staden.

Mamma Kör inte så fort, Anette!
Anette Ta det lugnt, mamma!

Strax utanför staden är det en poliskontroll. Anette måste stanna. Hon är nervös. En polis kommer fram till dem.

15 *Polisen* Godmorgon! Det var från Halmstadpolisen. Får jag be om körkortet?

Anette lämnar fram körkortet, och polisen tittar på det.

Polisen Tack, det är bra. Det var allt. Trevlig resa!

När polisen har gått, säger Anette: "Vilken tur att det inte
20 var en hastighetskontroll! Jag vet att jag körde för fort."

I Tylösand går Anette och Paul till den fina sandstranden. Många människor ligger och solar, men det är faktiskt inte så varmt. Anette och Paul tar på sig sina badkläder och går ut i vattnet.

25 *Paul* Brr, jag fryser...
Anette Ska vi inte simma lite?
Paul Usch, nej, vattnet är så kallt. Jag går upp.
Anette Men jag tycker om att simma... Kom nu!
Paul Nej, jag vill inte.
30 *Anette* Ah, då går jag också upp då.

De sitter tysta en stund på stranden. Sedan klär de på sig och går och köper var sin glass. På en servering hämtar de Birgit och Sven.

Sven Nu kör vi direkt hem till Malmö.
Birgit Jaa, det gör vi. Jag börjar bli trött.

Anette kör, och Paul sitter bredvid henne. Föräldrarna sitter i baksätet.

5 Anette Glöm inte bilbältena!
Birgit Nej då!
Paul Det har varit ett par trevliga dagar. Sverige är fantastiskt! Jag hoppas att jag kan bjuda er på en resa, när ni kommer till Frankrike.

10 *Jag är en liten gåsapåg från Skåne*
en skåning som Ni vet är alltid trygg.
Och fast jag är så nära sol och måne
så är jag säker på min gåsarygg.
Långt under mig så ligger som en tavla
15 *det vackraste i världen man kan se.*
Både skogar, sjö och strand
blir ett enda sagoland
när man ser det lite grann så här från ovan.

(Lite grann från ovan, musik och text Lasse Dahlquist)

20 Sven Oh, så skönt att vara hemma igen!

Sven öppnar bildörren och går ut. Han sträcker på sig, går fram till ytterdörren och låser upp den.

Sven Men vad är detta? Herre Gud, det har varit inbrott medan vi har varit borta.

25 Han springer till telefonen och ringer till polisen.

Sven Godkväll. Mitt namn är Sven Öberg. Jag bor på Evagatan 10. Det gäller ett inbrott i vår villa...

Att tala om:

| **Geografi/Historia/ Näringsliv** |
| **Fritid** |
| **Väder** |
| **Trafik** |
| **Mat och dryck** |

Borgholm den 2 juli

Hej Torbjörn!

Tack för senast, det var jättekul. Vi är nu i Borgholm. Här är fint. Det är många turister på Öland nu, både svenska och utländska. Vi har precis träffat några fransmän. Paul blev jätteglad. Jag hoppas att vi ses innan vi åker tillbaka till Paris i slutet av augusti.

Hälsningar
Anette & Paul

Torbjörn Larsson
Lugnagatan 80
21159 Malmö

Boda den 3 juli

Kära Inga och Gustav!

Vi är på rundresa i södra Sverige tillsammans med Anette och Paul. Vädret är omväxlande. Här på Boda glasbruk finns många vackra saker. Vi har köpt glas, ljusstakar och skålar.

Vi åker hem via Halmstad. Ungdomarna vill bada i Tylösand. Hoppas att ni har det bra.

Kära hälsningar.
Birgit och Sven.

Inga & Gustav Andersson
Nydalavägen 104
21458 Malmö

12 På fritiden

Gustav 4.500, 4.850, 5.500 kronor ... Näe!

Gustav sitter vid köksbordet och går igenom räkningar som ska betalas före den första september. I vardagsrummet sitter Inga och läser en bok. Hon har varit hemma från
5 jobbet ett par dagar, för hon hostar och är förkyld. Per kommer ut i köket. Han är klädd i träningsoverall och sportskor.

Per   Du farsan, kan du låna mig hundra spänn?
Gustav Njae... Det är så många räkningar den här
10   månaden.
Per   Ja, men du får tillbaka dem så fort jag får lön.
Gustav Ja, okej då. Men glöm det inte! Jag har lite ont om pengar just nu.
Per   Du ska få dem pappa, jag lovar. — Förresten, ska
15   du ha bilen i kväll?
Gustav Nej, det ska jag inte. Du kan ta den. Vart ska du?
Per   Jag ska träna fotboll, och min cykel är sönder.
Inga   Ska ni träna i kväll? Usch, det är så kallt ute, och det regnar.
20 *Per*   Det gör inget.
Inga   Men Per, du kan bli sjuk ...

Per har många intressen, men han tycker bäst om musik och sport. En gång i veckan spelar han gitarr i ett band som består av fem killar.

Per lyssnar mycket på musik hemma. Ibland blir Inga och
5 Gustav irriterade och ber att han ska spela lite tystare.

När Per var åtta år började han spela fotboll. Nu är han målvakt i ett fotbollslag i Malmö.

Gustav är också mycket intresserad av sport. När han var ung spelade han fotboll och åkte skidor. Nuförtiden tittar
10 han bara på sport.

Gustav läser mycket när han är ledig. Då och då spelar han schack med någon av sina arbetskamrater.

Både Inga och Gustav tycker om att vara ute i friska luften. För några år sedan köpte de en husvagn. De tänker kö-
15 ra till Jämtland snart, för de har ett par veckors semester kvar.

I norra Sverige är det vacker natur. Inga och Gustav trivs där. Gustav brukar fiska, men Inga föredrar att plocka bär och svamp. Hon tycker att det är härligt att gå i skogen.
20 Förra sommaren vandrade de i fjällen. Där är luften ren, och det är tyst och lugnt överallt. Det var en skön avkoppling för dem.

Vi gå över daggstänkta berg fallera,
som lånat av smaragderna sin färg fallera.
25 *Och sorger ha vi inga, våra glada visor klinga,*
när vi gå över daggstänkta berg fallera.

(Vi gå över daggstänkta berg,
musik Edwin Ericson,
text Olof Thunman)

Inga har ganska mycket fritid nu. På måndagar går hon på gymnastik, och på torsdagar går hon på kurs i italienska. Hon har läst italienska i fyra terminer. Inga och Gustav har talat om att köra till Italien på semester. Kanske nästa
5 år...

Medan Inga tittar på TV på kvällarna brukar hon sticka. Hon har stickat fina tröjor till sin familj. Nu stickar hon mest till sina barnbarn i Göteborg.

I kväll sitter Inga och läser en bok som Gustav har lånat
10 på biblioteket. Den är mycket spännande. Inga har läst ungefär halva boken. Hon tittar bak i boken och ser att den ska lämnas tillbaka i morgon.

Inga Du Gustav, har du tid att gå till biblioteket i morgon?
15 *Gustav* Javisst, jag slutar ju redan klockan två.
Inga Du måste lämna tillbaka böckerna som du har lånat. Kan du be att få låna om den här boken? Jag hinner inte läsa ut den i kväll.
Gustav Javisst, det ska jag göra. Men påminn mig i mor-
20 gon bitti, är du snäll!

ALLEMANSRÄTTEN

Vi har rätt att vistas i naturen, men vi måste visa hänsyn mot andra människor, djur och natur. Det är förbjudet att skada naturen eller andra människors egendom.

Man får t ex:

vandra i skog och mark.

plocka bär och svamp.

tälta ett dygn men ej för nära någons tomt.
OBS! Om man vill tälta längre bör man fråga markägaren om lov.

göra upp eld om det absolut inte finns risk för brand.

Man får t ex *inte*:

— gå över någon annans tomt.
— gå över sådda fält, åkrar, planteringar.

— plocka fridlysta växter.
— ta fågelägg eller fågelbon.
OBS! Länsstyrelsen kan informera om vilka växter som är fridlysta i din kommun.

bada vid privat tomt eller brygga.

Att tala om:

Fritid

13 Krya på dig!

För ett par veckor sedan arbetade Inga hemma hos en gammal dam som var förkyld och hade feber.

Efter några dagar började Inga känna sig lite trött och hängig, men hon arbetade ändå. Hon skulle ju ha semester snart, tänkte hon.

Vilken otur! Den första semesterdagen, en måndag, vaknade Inga med hög feber och ont i halsen. Gustav och Per var på sina arbeten.

Inga gick upp och drack lite kaffe, men hon åt nästan ingenting.

Innan hon gick och la sig igen ringde hon till arbetet och meddelade att hon var sjuk. Hon fick lämna uppgifter om namn, adress och personnummer.

När Per kom hem klockan tre var maten inte färdig. Han förstod att mamma var sjuk. Han gick in till henne i sovrummet. Hon var vaken och låg och läste.

Per Hej, mamma! Hur mår du?
5 Inga Jo, tack, lite bättre nu. Jag har tagit ett par tabletter, så febern har gått ner, och jag har inte så ont i halsen längre.
Per Det var ju skönt. Är det något du vill ha? Ska jag bre en smörgås åt dig?
10 Inga Nej tack. Jag är inte hungrig.
Per Nähä.
Inga Du, det finns ett par kotletter i kylskåpet. Du kan steka dem och koka potatis. Det finns grönsaker också om ni vill ha. Pappa kommer hem vid fyratiden,
15 så ni kan ju äta tillsammans då.
Per Mm!

Per är inte speciellt intresserad av matlagning, men han gick ut i köket och gjorde i ordning middagen.

Inga var inne hela veckan. Febern försvann efter några da-
20 gar, men hon hostade och var snuvig. På fredagsmorgonen var hon fortfarande dålig och hade dessutom mycket ont i huvudet. Hon ringde till doktorn.

Växeln Sommarstadens läkargrupp.
Inga Doktor Perssons mottagning, tack.
25 Växeln Ett ögonblick.

Gunnel	Doktor Perssons mottagning, syster Gunnel.
Inga	Goddag. Mitt namn är Inga Andersson. Jag har varit sjuk en vecka nu, och jag känner mig fortfarande inte bra. Jag har så ont i huvudet.
Gunnel	Jaha. Då måste nog doktorn titta på er. Har ni varit här tidigare?
Inga	Jadå, flera gånger.
Gunnel	Kan ni komma på måndag morgon klockan åtta?
Inga	Ja. — Ni har möjligen ingen tid idag?
Gunnel	Nej, tyvärr inte.
Inga	Ja, då kommer jag på måndag då.
Gunnel	Välkommen då.
Inga	Tack.

Äntligen måndag morgon! Inga har fortfarande huvudvärk. Gustav har ledig förmiddag, så han kör Inga till läkaren.

Vid ingången hänger en anslagstavla.

Inga går till receptionen och anmäler sig. Hon lämnar fram sitt patientkort och betalar. Sedan hänger hon av sig ytterkläderna utanför väntrummet och går in och sätter sig.

I väntrummet

Gunnel Inga Andersson, varsågod.
Inga Jaha.

Syster Gunnel tar blodprov och sänka. Hon kontrollerar också blodtrycket, och Inga får lämna ett urinprov.

5 Sedan går Inga in i undersökningsrummet. Doktor Persson kommer.

Persson Goddag, fru Andersson. Hur står det till?
Inga Tack, inget vidare. Jag har så ont i huvudet. Jag har haft hög feber, och jag är fortfarande väldigt
10 snuvig. Jag har varit hemma en hel vecka nu.
Persson Jaha.

Doktorn lyssnar på hjärtat och lungorna. Han tittar också i halsen, näsan och öronen. Sedan undersöker han bihålorna.

15 Efter undersökningen klär Inga på sig. Sedan pratar hon med doktorn i hans mottagningsrum.

Persson Ja, det är bihåleinflammation. Jag ska skriva ut lite medicin till er. Ni ska ta penicillintabletterna tills de är slut. Om ni inte är bra då, måste ni komma tillbaka igen. Värktabletterna tar ni vid behov.
Inga Jaha. Då hoppas jag att medicinen hjälper.
Persson Ja, det gör den säkert, men ni måste vara hemma och vila en vecka till.

Doktorn lämnar receptet och läkarintyget. Inga tackar och går.

På hemvägen stannar Inga och Gustav vid ett apotek. Gustav går in och köper medicinen. När de kommer hem dricker de kaffe och äter bullar. Det smakar gott. Gustav går till sitt arbete efter lunch. Inga ringer till sin mamma i Norrland. Inga talade med henne i fredags och lovade att ringa igen.

Hulda Hulda Karlsson.
Inga Hej, det är Inga.
Hulda Nämen, hej Inga! Hur är det med dig nu?
Inga Jo, tack. Jag har varit hos doktorn idag. Han sjukskrev mig i en vecka.
Hulda Jaså. Varför det?
Inga Jo, jag har bihåleinflammation.

Hulda Ojdå! Har du fått medicin?
Inga Jadå. Jag har fått penicillin.
Hulda Ja, det brukar hjälpa ganska snabbt.
Inga Ja, det hoppas jag verkligen. — Men, som du förstår,
5 kan vi inte åka upp till dig nu. Det får bli en annan gång.
Hulda Ja, ja.
Inga Hur är det med dig förresten?
Hulda Bara bra. Jag har varit ute och plockat hjortron
10 idag, så jag är lite stel i ryggen, men det går nog över på ett par dagar.
Inga Ja, det gör det säkert. — Nej, nu måste vi nog sluta.
Hulda Ja, tack för att du ringde. Krya på dig nu och hälsa Gustav och Per!
15 *Inga* Ja tack, det ska jag göra. Hej då och ha det så bra!
Hulda Hej med dig! Hej, hej!

Inga ringer också till arbetet för att meddela att hon är sjukskriven den här veckan. Hon skickar också in läkarintyget till sin arbetsgivare.

Redan på tisdagen känner hon sig bättre. Den hemska huvudvärken har släppt.

5 Inga är uppe nu. Hon lyssnar på radio, läser och stickar. Telefonen ringer ganska ofta.

En dag ringer det på dörren. Inga undrar vem det är. Någon från arbetet? En bekant? Gustav som har glömt nyckeln? En kompis till Per?

10 Inga ser sig omkring. Usch, vad här ser ut, tänker hon. Stökigt och dammigt överallt. Ja, ja, det är Gustav och Per som sköter tvätt och städning nu, tänker hon. Inga går och öppnar dörren.

må—fre 9.00—18.00
lördag 9.00—13.00
Övriga tider hänvisas
till apoteket Bergsgatan 48

15 ml 3 gånger dagligen.
Slemlösande.
Omskakas.

1 kapsel 4 gånger dagligen.
Sväljes hela tillsammans med
1/2 glas vätska.

1-2 tabletter vid smärta.
Högst 6 tabletter per dygn.

På en del förpackningar finns en röd
triangel. Varför?

2 tabletter 3 gånger dagligen.
Tabletterna löses i 1/2 glas
kallt vatten.

Utvärtes.
Appliceras 2 gånger dagligen.

Farligt att förtära.

Användes före 941231.

Förvaras oåtkomligt för barn.

Att tala om:

Sjukförsäkring och sjukvård

14 Tiden går fort

Det sköna sommarlovet är slut. Maria vaknade tidigt i morse. Det känns konstigt att börja skolan igen, tråkigt och roligt på samma gång. Maria ska börja i årskurs 6. Det är sista året på mellanstadiet. Hon tar på sig rena kläder,
5 tar sin nya skolväska och går till skolan.

Föräldrarna, Kerstin och Erik, har redan gått till sina jobb, och hennes lillebror, Joakim, är i förskolan. Efter förskolan är han hos en dagmamma tills någon av föräldrarna hämtar honom.

10 På skolgården finns det redan många barn.

När skolklockan ringer, springer Maria och hennes kamrater in i sitt klassrum. Fröken hälsar dem välkomna till det nya läsåret. De får var sitt schema och några nya böcker. Maria känner redan att det är roligt att skolan har börjat
5 igen.

Tiden går fort, och snart är det höst. En dag får eleverna var sin lapp som de ska visa hemma.

Till föräldrar med barn i klass 6A.

VÄLKOMNA TILL KVARTSSAMTAL!

Jag har reserverat tid för samtal om
................*Maria*................tisdagen den 18/10 kl 19.00

Kontakta mig om tiden inte passar!

Hälsningar

Helena Lund

Talongen ifylles och lämnas tillbaka senast 15/10.

☐ kommer

☐ kommer ej _____
Målsmans namnteckning

I november är det grått och trist ute. Dagarna blir kortare och kortare.

10 Vid Alla Helgons dag är skolbarnen lediga ett par dagar. Maria och hennes familj har rest till Malmö för att hälsa på mormor och morfar. Innan de åkte från Göteborg, gick de till kyrkogården för att tända ett ljus på farfars grav. Farfar dog när Maria var sex år, men hon minns honom
15 ändå.

I Malmö är det regnigt och blåsigt, men Maria tycker att det är roligt att vara där i alla fall. De stannar i Malmö i två dagar. Innan de åker hem, bestämmer man att Inga och Gustav ska fira jul i Göteborg.

Jullovet närmar sig. Fyra veckor före jul är det advent. Nästan överallt ser man adventsljusstakar och advents-
5 stjärnor som lyser i vintermörkret.

Det är den 10 december och den första lektionen pågår.

Fröken Har ni sett att man flaggar idag?
Alla Ja.
10 *Fröken* Vet ni varför man gör det?
Maria Det är Nobeldagen idag.
Fröken Ja, just det. Vet ni vem Alfred Nobel var?
Kalle Han var uppfinnare.
Fröken Ja, det är rätt. Vet du när han levde också?
15 *Kalle* På 1800-talet, tror jag.
Fröken Vad duktig du är! Ja, Alfred Nobel dog den 10 december 1896. Därför delar man ut Nobelpriset den dagen. — I kväll ska jag titta på TV. Då kan man se de vetenskapsmän som har fått Nobelpriset i år.

20 På kvällen tittar Maria på prisutdelningen på TV.

Natten går tunga fjät
runt gård och stuva.
Kring jord som soln förlät
skuggorna ruva.
25 *Då i vårt mörka hus,*
stiger med tända ljus,
sankta Lucia, sankta Lucia.

(Sankta Lucia, neapolitansk folkvisa, svensk text Arvid Rosen)

Nej, det kan inte vara sant, tänker Maria. Jag skulle ju stiga upp först av alla idag och väcka Joakim. Sedan skulle

ju han och jag "lussa" för mamma och pappa. Varför har
väckarklockan inte ringt? Maria tittar på klockan och ser
att den har stannat. Hon känner sig lite ledsen när hon går
ut i köket. Både mamma och pappa är redan uppe och lyss-
nar på radion.
Nu kommer Joakim också.

Joakim Maria, varför har du inte väckt mig?
Maria Jag kan inte hjälpa det. Klockan ringde inte.

Hela familjen tittar på "Luciamorgon" på TV medan de
äter frukost. Sedan går alla hemifrån.

I Marias skola samlas alla elever och lärare i aulan för att
titta på Luciatåget. Det är fin stämning och vacker sång
och musik.

Goder afton, goder afton, både herre och fru.
Vi önskar eder alla en fröjdefull jul.

Goder afton, goder afton, välkommen var gäst.
Vi önskar eder alla en fröjdefull fest.

(Fransk melodi)

Äntligen jullov!

> *Raska fötter springa tripp, tripp, tripp.*
> *Mamma har så bråttom klipp, klipp, klipp.*
> *Juleklappar lackas in.*
> 5 *Dörren stängs för näsan din.*
> *Det är bara roligt.*
>
> *Pappa har gått ut på stan, stan, stan.*
> *Köper där en julegran, gran, gran.*
> *Den ska hängas riktigt full.*
> 10 *Först en stjärna utav guld.*
> *Nötter sen och äpplen.*
>
> (Liten julvisa, musik Emmy Köhler,
> text Sigrid Sköldberg-Pettersson)

Den första lediga dagen går Maria och hennes bästa kompis, Hanna, ut på stan för att köpa julklappar. Det är massor av folk överallt.

15 Hemma är det mycket att göra dagarna före jul, och alla hjälps åt med julförberedelserna.

En eftermiddag går Maria och Joakim ut med sin pappa och köper en julgran.

> *Nu är det jul igen, och nu är det jul igen,*
> 20 *och julen vara skall till påska.*
> *Nu är det jul igen, och nu är det jul igen,*
> *och julen vara skall till påska.*
>
> *Det var inte sant, och det var inte sant,*
> *för däremellan kommer fasta.*
> 25 *Det var inte sant, och det var inte sant,*
> *för däremellan kommer fasta.*

GOD JUL!

På julafton kommer mormor och morfar till Göteborg. Alla tycker att det är trevligt att träffas igen.

De har en fin jul tillsammans, men tiden går alldeles för fort. Efter några dagar är Inga och Gustav tvungna att åka
5 tillbaka till Malmö, för de ska arbeta i mellandagarna.

Nyårshelgen tillbringar familjen Blom tillsammans med Eriks släktingar i Göteborg.

GOTT NYTT ÅR!

Vårterminen börjar efter Trettondag Jul. Första veckan
10 har Marias klass en vikarie. Barnen saknar sin fröken. Första dagen busar några av pojkarna, men resten av veckan är det lugnt i klassen.

Det är två veckor kvar till sportlovet. En dag ringer Marias fröken till Kerstin och meddelar att Maria har blivit sjuk.
15 Maria har hög feber, så hon vill att mamma ska hämta henne i skolan.

Efter ett par dagar kommer Hanna hem till Maria med några av hennes böcker. Hon har också ett litet brev från fröken.

> Hej Maria!
>
> Så tråkigt att du är sjuk! Jag hoppas att du snart blir frisk igen. Du ska göra följande uppgifter:
>
> - räkna talen 120-140 i matteboken!
> - läs sid 75-77 i historieboken!
> - skriv exemplen på sid 30 i arbetsboken i svenska!
>
> Krya på dig! Hälsningar
> Helena

Maria är snart frisk och kan gå till skolan igen.

5 På sportlovet tar familjen tåget till Duved, där de har hyrt en stuga. Duved ligger i Jämtland, nära en annan känd vintersportort som heter Åre.

Det är ett underbart vinterväder hela veckan, och familjen njuter av de lediga dagarna. De är ute och åker skidor från morgon till kväll.

Hulda, Kerstins mormor, bor i Jämtland. En dag far de och
5 hälsar på henne.

Efter lovet har Maria prov i matte. Det är svårt, tycker hon. Maria är inte så bra i matematik, så hennes pappa hjälper henne ofta med de läxorna.

Marias bästa ämnen är engelska och idrott. Hon gillar att
10 simma. Hela klassen har varit i simhallen flera gånger. En gång i veckan brukar Kerstin ta med sig Maria och Joakim dit.

*Blåsippan ute i backarna står,
niger och säger: "Nu är det vår!"*
15 *Barnen de plockar små sipporna glatt,
rusar sen hem under rop och skratt.*

(Musik Alice Tegnér, text Anna Maria Roos)

Plötsligt är det vår!

En kväll efter påsk är det föräldramöte i Marias klass. Eleverna får också vara med. Både Kerstin och Erik går dit
20 tillsammans med Maria.

Mötet varar i två timmar. Fröken informerar om arbetet i klassen, och hon pratar också om skolresan till Stockholm. Redan för två år sedan började de förbereda resan dit. Barnen har sålt lotter och ordnat loppmarknader för
25 att skaffa pengar till resan.

I slutet av terminen är det många helgdagar. På Valborgsmässoafton är det kallt. Många människor samlas på olika platser för att lyssna på vårsånger och titta på valborgsmässoeldar.

5 Den första maj är de flesta lediga. Några åker ut på landet, andra stannar kvar i stan för att titta på eller delta i demonstrationstågen.

Om några veckor är det här läsåret slut. Skolan slutar en vecka efter pingst.

10 På avslutningsdagen, det här året den 6 juni, ger eleverna fröken en vacker bukett blommor. Det känns både roligt och tråkigt att terminen är slut. Trots att det är skönt med ett långt sommarlov framför sig, är det tråkigt att skiljas från kamraterna.

15 Maria och Hanna har sällskap hem från skolan. De pratar om vad de ska göra i sommar.

Till midsommar ska Maria åka till Hanna på landet och stanna där i två veckor. Det ska bli jättekul. De har redan planerat en massa roliga saker som de ska göra.

Maria och Hanna känner sig nästan vuxna nu. Tänk, om
5 ett par månader ska de börja på högstadiet!
Oh, så spännande det ska bli!

Den blomstertid nu kommer, med lust och fägring stor.
Du nalkas ljuva sommar, då gräs och gröda gror.
Med blid och livlig värma, till allt som varit dött
10 *sig solens strålar närma, och allt blir återfött.*

(Den blomstertid nu kommer, Israel Kolmodin)

Att tala om:

Skola och utbildning
Helger och traditioner

15 Att stå på egna ben

Per har jobbat ett år efter värnplikten, och
nu ska han börja studera vid universitetet i
Lund. Trots att det är i slutet av augusti har
han inte fått tag på någon lägenhet. Det är
5 bara ett par veckor kvar tills höstterminen
börjar. En dag ser han den här annonsen i
tidningen. Per slår numret direkt.

```
2:a  uth  omg
stud fr 1.9
Park pl Bill hyra
Tel 046-11 77 98
```

Jönsson 11 77 98.
Per Goddag. Mitt namn är Per Andersson.
Jönsson Goddag.
Per Jag ringer med anledning av annonsen om lägen-
5 heten. Är den fortfarande ledig?
Jönsson Jaha, det är den.
Per Vad bra! Kan jag få komma och titta på den?
Jönsson Javisst. Kan ni komma klockan tre?
Per Jaadå. Det passar alldeles utmärkt. Vad är det
10 för adress?
Jönsson Vårvädersvägen 10. Vet ni var den ligger?
Per Nej, men jag har en karta över Lund, så det kan jag ta reda på. Vilket område är det?
Jönsson Klostergården.
15 *Per* Jaha. Jag ska nog hitta. Då kommer jag klockan tre då. Adjö.
Jönsson Adjö.

Per har köpt en begagnad bil. Han kör in till Lund och tittar på lägenheten. Han bestämmer sig direkt för att ta den.
20 Han är jätteglad, för det är inte lätt att skaffa bostad i Lund. Där bor ju så många studenter. De bor på olika sätt, i studentrum, studentlägenheter, inackorderingsrum eller vanliga lägenheter. En del föredrar att bo kvar hemma hos sina föräldrar. Några måste pendla mellan bostadsorten
25 och Lund.

Efter några veckor flyttade Per in i lägenheten. Den var på två rum och kök. Han hade inte så många möbler. Han köpte billiga, begagnade möbler, och det blev ganska mysigt hemma hos honom. Per tyckte att det var skönt med en
30 egen bostad. Nu kunde han studera i lugn och ro.

Hyran var ganska billig, men han hade många andra utgifter. Och bilen var dyr trots att den var begagnad. Bensin, reparationer, skatt och försäkring måste han ha pengar till. Han försökte leva billigt, men hans studiemedel räckte
35 inte till allt. Därför sökte han olika jobb.

En dag fick Per syn på en annons.

> **Lämpligt för stud!**
>
> Taxichaufför sökes kvällar och helger
> Serviceinriktad med god lokalkännedom
> 5 Taxikort
> Lön enl avtal
>
> Ring gärna för ytterligare information
> 040-97 11 10
>
> Skriftlig ansökan till
> 10 Nilsson & Söner
> Palmgatan 3
> 214 34 Malmö

Per ringde först och ställde några frågor om arbetet. Han tyckte att det verkade intressant, och arbetstiderna passa-
15 de honom bra. Sedan skrev han ett brev och skickade in sina papper.

```
         Nilsson & Söner              Lund den 25 oktober 1991
         Palmgatan 3
         214 34 MALMÖ

20       Ansökan om anställning som taxichaufför

         Härmed anmäler jag mig som sökande till arbetet
         som taxichaufför. Annonsen var införd i SDS den
         20 oktober.

         Jag är född och uppvuxen i Malmö. 1989 avslutade
25       jag studierna på gymnasieskolan. Jag har taxikort.
         Under min värnpliktstjänstgöring tjänstgjorde jag
         som fordonsförare. Jag har arbetat som brevbärare
         i olika distrikt i Malmö. Dessutom har jag kört
         budbil i Malmö under en kort period.

30       Jag är mycket angelägen om att få ett lämpligt ar-
         bete under min studietid i Lund. Jag är tacksam för
         svar så snart som möjligt.

         Meritförteckning samt vidimerade kopior bifogas.

         Med vänlig hälsning
         Per Andersson
35       Per Andersson

         Adress: Vårvädersvägen 10
                 222 27 LUND
         Tel:    046-11 66 98
```

80

Per Andersson
Vårvädersvägen 10
222 27 LUND
Tel. 046-11 66 98
MERITFÖRTECKNING
1991-10-25

Utbildning

Heleneholmsskolan   Naturvetenskaplig linje   Ex 1989   bil 1
                              3 år

Körkort klass B och Taxikort

Värnpliktsförhållanden

Fullgjort värnplikt under tiden okt 1989 - maj 1990   bil 2
vid S1 i Enköping

Praktik och anställningar

Posten, Malmö   Utdelning av post   sept 90 - mars 91   bil 3
                                       (7 mån)

Malmö Tvätt   Utkörning av tvätt   april 91 - juli 91   bil 4
                                       (4 mån)

Nuvarande sysselsättning

Studerande vid Lunds Universitet

Referenser

Personalass. Mats Olsson, Malmö Tvätt. Tel: 040-14 87 60

Personalass. Birger Larsson, Posten, Malmö. Tel: 040-11 33 15

Efter några dagar ringde en man och erbjöd Per arbetet. Därefter jobbade Per vissa helger och kvällar under flera år, och han tjänade ganska bra.

Trots att Per studerade och arbetade mycket hade han tid
5 att roa sig. Han träffade Eva ibland. Hon gick på sjuksköterskeskolan i Lund. Per läste till civilekonom. Båda var tvungna att plugga hårt därför att de hade många föreläsningar och tentamina. Eva bodde i ett litet rum i en studentkorridor. Hon var ofta hemma hos Per. Efter en tid
10 flyttade hon hem till honom.

Att tala om:

Bostad
Arbete
Skola
  och utbildning
Trafik

16 En levnadsbeskrivning

Istvan tänker söka ett nytt jobb. Han har varit på arbetsförmedlingen och hämtat Platsjournalen. I den har han sett den här annonsen om ett jobb som bilmekaniker:

> 704113 TSB **Bilmekaniker**
> Heltid. Varaktighet 3 mån provanst. Därefter ev fast anst.
> Bilreparation. Arbetstid dagtid.
> Erfarenhet av bilrep krävs.
> Körkort fordras.
> Månadslön enl avtal.
> Skriftlig ansökan till: Göte Berg
> Nilssons bilverkstad
> Box 391
> 220 52 Lund

Istvan har fyllt i en ansökningsblankett och gjort en meritförteckning. Dessutom har han tagit kopior på sina intyg och betyg, och två av hans arbetskamrater har vidimerat dem.

5 Nu sitter Istvan med ett tomt papper framför sig. Han ska nämligen bifoga ett personligt brev, i vilket han ska berätta om sig själv. Istvan grubblar länge på hur han ska skriva och vad han ska skriva. Till slut blir det så här:

10
Göte Berg
Nilssons Bilverkstad
Box 391
220 52 LUND
                              Svedala den 5 november 1991

Angående anställning som bilmekaniker

15
Som framgår av de ifyllda personuppgifterna på ansökningsblanketten heter jag Istvan Balog och är 35 år. Jag är född i Budapest i Ungern. Till Sverige kom jag för sju år sedan, och nu är jag svensk medborgare.

20
I Ungern avslutade jag 4-årigt tekniskt gymnasium. Därefter arbetade jag som maskintekniker på ett stort företag tills jag reste till Sverige.

25
Första året i Sverige gick jag på en kurs i svenska för invandrare. Det var inte så lätt att lära sig ett nytt språk. Nu har jag emellertid inte några svårigheter med svenskan längre.

30
Året därpå fick jag möjlighet att gå på en yrkeskurs på ett AMU-center. Där utbildade jag mig till bilmekaniker. Det var en bra och intressant utbildning. Jag har alltid varit intresserad av att "meka" med bilar.

35
När kursen var slut fick jag anställning som mekaniker på en bilfirma i Malmö. Tyvärr blev jag uppsagd efter två år, eftersom firman gick i konkurs. Jag var arbetslös i nästan ett år. Jag hade arbetslöshetsersättning under denna period, så jag klarade mig ganska bra ekonomiskt.

Eftersom jag inte tycker om att vara sysslolös, passade jag på att gå i en trafikskola och ta körkort för buss.

- 2 -

Jag besökte arbetsförmedlingen varje vecka. En dag fick jag veta att det behövdes bussförare i Malmö. Jag tog kontakt med ML (=Malmö lokaltrafik) och blev genast provanställd i tre månader. Efter provanställningen fick jag fast arbete.

Nu har jag arbetat som busschaufför i nästan två år. Jag trivs bra med att köra buss, och jag har lätt att samarbeta med den övriga personalen. Det enda som jag inte är riktigt nöjd med är skiftarbetet. Jag skulle vilja ha ett arbete med regelbunden arbetstid, helst dagtid. Därför blev jag väldigt intresserad då jag såg Er annons i Platsjournalen den 2 november. Ett sådant arbete skulle passa mig utmärkt.

På fritiden sysslar jag med allt möjligt. Jag är t ex kassör i en idrottsförening här i Svedala. Givetvis är jag mycket intresserad av allt som hör ihop med bilar och motorer. Jag prenumererar på flera tidskrifter för att följa med utvecklingen inom detta område.

Till sist hoppas jag på ett svar från Er så fort som möjligt. Jag har en månads uppsägningstid på mitt nuvarande arbete.

Med vänlig hälsning
Istvan Balog

Sidenvägen 45
233 00 SVEDALA
Tel: 040-112 12

Att tala om:

Arbete
Skola och utbildning
Invandrare i Sverige

17 Att leva tillsammans

Eva och Per fick sitt första barn just när Eva var färdig med sin examen. De fick en flicka som döptes till Karin. Eva var sedan hemma och skötte henne under ett år. Per var ännu inte klar med sina studier. Det var inte tyst och
5 lugnt hemma längre, barnskrik både natt och dag.

Per Eva, kan du inte få Karin att sluta skrika?
Eva Det är inte så lätt. Hon har varit grinig hela dagen. Hon har nog ont i magen. Försök själv, så får du se om du klarar av att få henne tyst.
10 Per Jag? Jag har inte tid nu, Eva. Jag måste plugga. Jag har en tenta i morgon. Det vet du ju.

Eva Men jag har gått här med Karin hela dagen. Kan du inte ta hand om henne en liten stund? Jag skulle bara vilja duscha.
Per Men du vet ju att jag inte har tid.
5 *Eva* En liten stund bara medan jag duschar.
Per Okej då. — Men Eva, hon är ju alldeles våt! Varför har du inte bytt blöjor på henne?

Eva är redan inne i duschen. Hon hör inte vad Per säger, för dörren är stängd.

---

10 Per kunde inte koncentrera sig på sina studier hemma, så han gick ofta till biblioteket och läste på dagarna. Han måste, för han ville avsluta sina studier så fort som möjligt.

Eva var ganska ensam under den här tiden. Deras ekonomi var inte så bra. De levde på Pers studiemedel, Evas föräld-
15 rapenning och barnbidraget. Per tjänade lite pengar på sitt extraarbete, men det var inte så mycket. Han hade inte lika mycket tid och ork som tidigare.

Eva Du Per, har du några pengar?
Per Vad är det nu du ska köpa?
20 *Eva* Lena och Nisse kommer ju hit på lördag. Jag har köpt mat, men pengarna räckte inte till vin.
Per Det är väl inte nödvändigt med vin? Vi kan väl dricka öl?
Eva Ja, men lite vin kunde väl smaka gott till maten?
25 *Per* Men Eva, vi har inte råd!
Eva Det var ganska länge sedan du var ute och jobbade nu.
Per Så du menar att jag arbetar för lite?
Eva Njae, inte precis. Jag jobbar ju både natt och dag här hemma, så jag kan ju inte jobba extra om vi behöver
30 pengar.
Per Hur tror du att jag ska orka både plugga och arbeta? Speciellt när det aldrig är tyst i huset.
Eva Och jag då? Tror du inte att jag är trött ibland?
Per Ah! Du går ju bara här hemma.
35 *Eva* Oh. ....!

Efter fem års studier var Per klar. Sedan började han söka jobb. Det var inte så lätt, men till slut fick han arbete som ekonom på ett stort företag i Lund. När Karin var ett år fick hon plats på dagis, och då började Eva arbeta på lasa-
5 rettet i Lund.

En dag hade Per köpt hem lite vin. Han hade också lagat mat och bjöd Eva på middag.

Per Du Eva, har du tänkt på att vi har varit tillsammans i sex år?
10 Eva Jadå. Och vi har bott ihop i två år.
Per Du, vet du vad jag har gått och tänkt på?
Eva Nej, vad då?
Per Jo. Eva . . . .

Dagen därpå gick de och begärde hindersprövning. Efter
15 några veckor gifte de sig. Vigseln ägde rum på rådhuset i Malmö.

Vigselförrättaren Vill du ha denna Eva Kristina Larsson till din äkta hustru och älska henne i nöd och lust?
20 Per Ja.
Vigselförrättaren Vill du ha denne Per Olof Andersson till din äkta man och älska honom i nöd och lust?
Eva Ja.

Kärleken kommer och kärleken går
ingen kan tyda dess lagar,
men dig vill jag följa i vinter och vår
och alla min levnads dagar.
Mitt hjärta är ditt,
ditt hjärta är mitt
och aldrig jag lämnar det åter.
Min lycka är din,
din lycka är min,
och gråten är min när du gråter.

(I folkviseton, musik Torgny Björck, text Nils Ferlin)

Eva och Per hade länge velat ha en större lägenhet, men det var inte så lätt att få tag på någon i Lund. De hade stått i bostadskön i 3 år, när de äntligen blev erbjudna en 4-rumslägenhet. Den låg i deras bostadsområde. Det var bra, tyckte de.

De sa upp sin tvåa, och efter en tid flyttade de till den nya lägenheten. Det var en bostadsrättslägenhet. De var tvungna att ta ett lån för att kunna betala insatsen. Hyran var inte så hög.

Huset var ganska gammalt, och lägenheten behövde renoveras lite. Det gjorde de själva, för Eva var mycket intresserad av att sy, klä om möbler, måla och tapetsera.

Nu har de tapetserat sovrummet och vardagsrummet. Soffgruppen i vardagsrummet är omklädd. I köket är väggarna och skåpen ommålade, och Pers gamla vita köksmöbler är nu gula. Det minsta rummet är inrett till barnkammare, och det fjärde rummet är arbetsrum och gästrum tills vidare.

Eva gillar gamla, antika möbler. En del av deras möbler är köpta på auktion.

Eva och Per umgås med några av de andra hyresgästerna i huset. Tillsammans hjälps de åt med allt möjligt.

Det finns också en fin gård med träd, buskar och blommor. Mitt på gården finns en lekplats.

Karin är nu två år. Det är kväll hemma hos familjen Andersson. Karin ligger och sover, och Eva och Per sitter och kopplar av i vardagsrummet. Eva syr på ett par nya gardiner, och Per går igenom dagens post. Det finns ett vykort
5 från Torbjörn. Per läser upp vykortet för Eva.

> Hej! Strömstad den 10/7
> Här kommer en hälsning från Strömstad. Jag trivs med jobbet på restaurangen. Arbetskamraterna är toppen. Jag umgås fortfarande mycket med Marita. Vi har talat om att flytta ihop, men jag vet inte. I kväll ska vi gå ut och äta räkor tillsammans med några kompisar.
> Nästa vecka börjar vår semester. Vi ska åka till Norge. Just nu är det massor av turister i stan. – I höst ska jag gå på en kurs i Malmö! Hoppas vi kan ses då!
> Torbjörn
>
> Hälsa Eva och Karin!
>
> Per Andersson
> Blidvädersvägen 8
> 22227 Lund

Eva Ja, det skulle vara roligt att träffa Torbjörn igen.
Per Mm. Javisst.

Att tala om:

Familj
Barn
Bostad
Pension (hörförståelse)

18 Sverige under 100 år

FÖDELSEDAGAR

100 år fyller idag
f d lantarbetaren
Oskar Håkansson

Det är inte så ovanligt att se sådana annonser i dagstidningarna idag eftersom medellivslängden har ökat. Den generation som föddes omkring sekelskiftet har fått uppleva mycket. Det är svårt att säga vilka förändringar som har
5 varit viktigast för Oskar Håkansson och hans generation.

Sverige var tidigare ett fattigt jordbruksland. Det förvandlades sedan till ett rikt industriland. I slutet av 1800-talet utvecklades industrin snabbt. Järnvägar, broar och vägar byggdes. I gruvor och sågverk arbetade många människor.
10 Folk flyttade från landsbygden till städerna där det fanns gott om arbete på fabrikerna.

Fortfarande levde dock de svenska arbetarna under svåra förhållanden både i staden och på landet. Arbetsmiljön var dålig, och lönerna var låga. Bostäderna var kalla och trånga. Familjerna var stora, och barnadödligheten var hög.

Många drömde om ett bättre liv. En del av dem lämnade
5 Sverige för att skapa en bättre framtid för sig och sina barn. 1881—1891 utvandrade mer än 375.000 svenskar, de

flesta till USA. Totalt emigrerade ungefär 1/4 av Sveriges befolkning under en period av 100 år.

Omkring sekelskiftet började människorna organisera sig.
10 Man kämpade för nykterhet, bättre villkor för kvinnorna, allmän rösträtt, kortare arbetsdag, högre lön, ja, överhuvudtaget för bättre levnads- och arbetsförhållanden. Målet var att alla människor skulle vara jämlika och ha samma möjligheter. Politiska partier bildades, och fackförenings-
15 rörelsen började växa fram.

Sedan dess har många sociala reformer gjort det möjligt för de flesta människor att få ett bättre liv. Redan 1919 kom lagen om 48 timmars arbetsvecka. Två år senare, 1921, fick vi allmän rösträtt. Detta kan ses som demokratins ge-
20 nombrott.

Några viktiga politiska beslut i svensk nutidshistoria

1901 Allmän värnplikt
1913 Folkpension
1919 48 timmars arbetsvecka
1921 Allmän rösträtt
1938 Två veckors semester
1947 Barnbidrag
1956 Obligatorisk sjukförsäkring
1959 Allmän tilläggspension
1971 40 timmars arbetsvecka
1974 LAS (Lagen om anställningsskydd)
1978 Fem veckors semester

Sedan lång tid tillbaka har människor invandrat till Sverige. Det har skett under olika perioder. Sverige är ett neutralt land och deltog varken i det första eller i det andra världskriget. Alltsedan 1940-talet har Sverige tagit emot
5 flyktingar och andra invandrare. Efter kriget gick det bra för Sveriges industri. Efterfrågan på svenska varor var stor ute i Europa, men industrin hade svårt att få tag i arbetskraft. Därför måste företagen hämta arbetare utanför landets gränser. Invandringen, speciellt arbetskraftsin-
10 vandringen, fortsatte. Under 1960-talet invandrade ca 350.000 människor till Sverige. Ett utvandrarland hade blivit ett invandrarland.

En del av invandrarna har återvänt till sina hemländer, men många har stannat kvar. Deras barn är födda i Sverige och har fått sin utbildning här.

Den svenska skolan har genomgått stora förändringar se-
5 dan allmän skolplikt infördes 1842. Ända in på 1900-talet var det dock vanligt att fattiga barn inte fick någon regelbunden skolgång. Skolbarnen måste ibland stanna hemma för att passa småsyskonen eller hjälpa till med försörjningen. Att studera vidare efter folkskolan var nästan omöjligt
10 för dessa barn.

Idag är det annorlunda. Den 9-åriga grundskolan är obligatorisk, och de flesta fortsätter att studera i gymnasieskolan. Många läser vidare vid universitet och högskolor. Flera tunga och smutsiga jobb har försvunnit och ersatts av
15 maskiner. Det krävs mer utbildning och kunskap i ett samhälle som har blivit alltmer tekniskt och komplicerat.

De rättigheter som människor tidigare kämpade för är idag helt självklara, tycker vi. Nu för tiden är det andra saker som oroar oss. Världen har blivit mindre eftersom det är lätt att resa utomlands och på annat sätt få information
5 om andra länder.

Problemen har i många fall blivit internationella. Både äldre och yngre människor engagerar sig i frågor som angår hela världen, t ex fred, miljöförstöring, kärnvapen, rasism och sjukdomar.

10 Vid tiden kring sekelskiftet uppstod flera folkrörelser, bl a nykterhetsrörelsen, frikyrkorörelsen och fackföreningsrörelsen.

Under senare tid har andra typer av organisationer vuxit fram, de flesta av dem med medlemmar över hela världen,
15 t ex Greenpeace, Världsnaturfonden, olika fredsrörelser och Amnesty International. Materiellt sett har nutidens människor en mycket bättre situation än tidigare generationer, men trots det kvarstår oron inför framtiden.

FÖDDA

| Vår dotter Maria |
| Agnes o Istvan Balog |

Välkommen till världen lilla Maria!
Vi hoppas att du och dina jämnåriga får leva i en värld med fred och rättvisa utan våld och förtryck.

Kalla den Änglamarken eller Himlajorden om du vill,
5 *jorden vi ärvde och lunden den gröna,*
vildrosor och blåsippor och lindblommor och kamomill
låt dem få leva, de är ju så sköna!
Låt barnen dansa som änglar kring lönn och alm,
leka tittut mellan blommande grenar,
10 *låt fåglar leva och sjunga för oss sin psalm*
låt fiskar simma kring bryggor och stenar!
Sluta att utrota skogarnas alla djur!
Låt örnen flyga, låt rådjuren löpa!
Låt sista älven som brusar i vår natur
15 *brusa alltjämt mellan fjällar och gran och fur!*
Kalla den Änglamarken eller Himlajorden om du vill,
jorden vi ärvde och lunden den gröna,
vildrosor och blåsippor och lindblommor och kamomill
låt dem få leva, de är ju så sköna!

(Änglamark, musik och text Evert Taube)

Att tala om:

Historia	**Miljö**
Skatter	**Fredsfrågor**
Invandring	

19 Vart fjärde år

Paul och Per träffades första gången på en fest hemma hos Torbjörn. Sedan dess har det gått några år. Per är gift och har barn. Paul har flyttat från Frankrike till Sverige och bor nu tillsammans med Anette.

5 Det är den tredje helgen i september. Anette och Paul är hemma hos Eva och Per på lördagskvällen. De ska titta på valdebatten i TV, för det är val i Sverige i morgon. Paul är intresserad, men han får inte rösta. Han har inte bott här tillräckligt länge.

10 Paul   Varför finns det tre olika val i Sverige?
Anette Jo, i Sverige röstar vi samtidigt till riksdagen, landstinget och kommunen.
Paul   Jaha. — Vilket parti ska ni rösta på?
Anette Jag vet inte. Jag ska bestämma mig ikväll.
15 Eva   Jag har bestämt mig.
Paul   Och du då Per?
Per   Jag ska rösta som jag brukar.
Eva   Ja, det finns väl bara ett parti för dig?

Per Ja.
Paul Ja, ja. — Hur många partier finns det egentligen att rösta på?
Per Ja, det är ganska många och det varierar från kommun till kommun, men för att komma in i riksdagen måste ett parti ha minst 4 % av rösterna i landet.
Paul Jaha. — Och hur tycker ni att den nuvarande regeringen har lyckats?
10 *Eva* Jodå, det har ju hänt en del sedan förra valet för fyra år sedan.

Nu börjar programmet. Den stora partiledardebatten ska starta. Alla partiledarna sitter vid ett bord och ser lite spända ut.

15 *Paul* Varför har regeringspartiet två representanter?
Anette Jo, det är statsministern och finansministern. Båda två får vara med i den här debatten.

Tiden går fort. Snart är programmet slut. Det har varit en livlig och intressant diskussion. Anette ser fortfarande
20 tveksam ut.

Paul Har du bestämt dig nu?
Anette Ja, jag tror det. Vilket parti skulle du rösta på om du hade rösträtt?
Paul Nja, jag vet inte. Jag kan inte så mycket om svensk
25 politik ännu. Jag måste lära mig mer till nästa val. Då ska jag rösta i kommunvalet för första gången.

Diskussionen mellan ungdomarna fortsätter långt in på natten. Dagen efter går de och röstar. Paul följer med Anet-

te. Han vill se hur det går till. På vägen till vallokalen ser de valaffischer. De ser smutsiga ut. Det är inte så konstigt, för de har ju hängt där sedan början av augusti. Paul funderar på vad den svenska demokratin kommer att betyda för
5 honom. Han tänker stanna i Sverige och bli svensk medborgare.

Senare på söndagskvällen sitter Anette och Paul vid TV-n igen. De är intresserade av valresultatet, men det dröjer innan det blir klart.

10 *Paul* Det är sent nu. Ska vi inte gå och lägga oss?
Anette Jo, det kan vi göra. Det ser ut som om mitt parti har vunnit.
Paul Du menar att det har fått majoritet? Då får de regera Sverige i fyra år?
15 *Anette* Ja, partiledaren får gå till talmannen i vår riksdag. Det är han som ber partiledaren att bilda regering.
Paul Är det inte kungens uppgift?
Anette Nej, kungen har ingen politisk makt.

20 Plötsligt kom Paul att tänka på en sak.

Paul Du, får kungen rösta?
Anette Nej, kungafamiljen får inte rösta.
Paul Nähä.

På måndagsmorgonen satt de och läste tidningen vid fru-
25 kostbordet. Det var många sidor om valet. Paul letade i tidningen efter vilket parti som hade vunnit valet i deras kommun.

Paul	Anette! Ditt parti förlorade i kommunvalet.
Anette	Ja, jag vet. De får vara oppositionsparti.
Paul	Du, vad heter "riksdagen" i kommunen?
Anette	Kommunfullmäktige. Och "regeringen" kallas för kommunstyrelsen. Man kan säga att det finns ministrar i kommunen också. De kallas för kommunalråd.

Anette och Paul sitter tysta en stund.

Paul	Varför tycker du att det är så bra att bo i Sverige?
Anette	Jo, Sverige är ett demokratiskt land, och vi har så stor frihet. Vi har t ex yttrandefrihet. Det betyder att vi får säga vad vi vill.
Paul	Jaha, precis som i Frankrike.
Anette	Ja. Och så får vi skriva vad vi vill också. Det kallas tryckfrihet. Och religionsfrihet har vi också.
Paul	Ja, jag håller med dig om att det är viktiga saker.

Det finns ett hav, som ingen ser,
det finns en grav, där ingen dör,
det finns en sol, som ej går ner,
det finns en strand i varje själ.

Och om du vill ditt väl förstå
och vara fri, när molnen gå,
så bygg en värld, en värld att leva i —
nu gäller det ditt liv, ditt eget liv!

Det finns en värld, som ej förgår,
det finns ett brev, som ingen läst,
det finns en vind, som allt förstår,
det finns en frihet utan sår.

(En sång om frihet, musik Mikis Theodorakis, svensk text Bo Setterlind)

Att tala om:

Sveriges styrelseskick

20 Sverige — ett litet land i världen

En kväll satt Paul och Sven, Anettes pappa, och diskuterade om hur man ser på Sverige ute i världen. Diskussionen var livlig. De hade olika uppfattningar om hur känt Sverige och svenskarna är utomlands.

5 *Sven* Men du Paul, du kan väl följa med mig på en föreläsning i morgon kväll? Jag såg på en affisch igår att ett studieförbund har bjudit in ambassadsekreterare Blad. Han ska föreläsa om "Sverige i världen."
Paul Ja, det låter intressant. Jag följer gärna med.
10 Dagen därpå gick Paul och Sven i god tid till föreläsningslokalen. Det brukar alltid vara mycket folk där. Paul ville sitta längst fram för att kunna höra och förstå så mycket som möjligt. Sven lovade att förklara för honom, om det blev för svårt.
15 *Paul* Så mycket folk det är här!
Sven Ja, i Sverige är det vanligt att gå på kurser och föreläsningar.

Efter en stund började föreläsningen. Paul hade litet svårt att förstå i början, men efter en stund hade han vant sig vid språket.

Paul förstod att bilden av Sverige skiftade i olika delar av
5 världen.

Blad sa att flera svenska företag, såsom Volvo, ASEA, Electrolux, Ericsson, Alfa Laval och Tetra Pak är kända i stora delar av världen.

Av svenska personer nämnde han först olika idrottsstjär-
10 nor, t ex förre världsmästaren i boxning Ingemar Johansson, tennisspelaren Björn Borg, men också regissören Ingmar Bergman och barnboksförfattaren Astrid Lindgren. Han talade också om f d statsministern Olof Palme och förre generalsekreteraren i FN, Dag Hammarskjöld. Blad an-
15 såg att Palme var mer känd i u-länderna än i i-länderna. Han sa också att många människor känner till Nobelpriset.

Dessutom talade Blad om Sveriges politiska roll i världen, om vad vår neutralitet har betytt internationellt.

20 Paul hade, trots att han ansträngde sig, svårt att förstå allt.

På hemväg från föreläsningen hade Sven och Paul mycket att prata om. Paul gestikulerade. Han pratade med hela kroppen. Sven höll armarna på ryggen och gick lugnt vid
25 Pauls sida.

Paul Men tror du verkligen att Sverige alltid kan fortsätta att vara neutralt?
Sven Nja, det vet jag inte. Men vi är det nu och har varit det under två världskrig. Visserligen är vi med i EU nu,
30 men vi är fortfarande inte med i NATO.
Paul Vad betyder det du sa sist — EU och NATO?
Sven EU är en europeisk organisation vars mål är att bilda Europas Förenade Stater. När man reser inom EU behöver man till exempel inget pass. NATO är
35 en militärallians i Väst.

Paul Javisst ja, det känner jag ju till, fast de har andra namn
i Frankrike. Ja, jag tror att det var bra att Sverige
gick med i EU. Allting blir ju bara mer internationellt.
Sven Det har du rätt i, men vi kunde kanske ha samarbetat
5   med länderna i Norden istället. Vi har ju nästan samma
historia och samma traditioner. Och så talar vi nästan
samma språk också.

Paul hade svårt att uttrycka sig, så han var tyst en stund.
Han började fundera på hur litet Sverige egentligen är i
10 världen. Det var kanske typiskt att Blad först nämnde
idrottsmän när han berättade om kända svenskar.

Sven och Paul närmade sig hemmet. Paul såg tankfull ut.

Sven Vad tänker du på Paul?
Paul Tja, jag tänker på att det är så mycket jag skulle vilja
15   veta om Sverige.
Sven Åh, du vet ju redan ganska mycket.
Paul Tycker du det?
Sven Jaa. Och du kommer säkert att få många tillfällen
att lära dig mer om Sverige och svenskarna.

20   *Du gamla du fria du fjällhöga Nord,*
        Du tysta du glädjerika sköna!
        Jag hälsar dig vänaste land uppå jord,
        Din sol, din himmel, dina ängder gröna,
        Din sol din himmel, dina ängder gröna.

                              (Du gamla du fria, Richard Dybeck)

Att tala om:

| Sverige i världen |

GRAMMATISKA ÖVERSIKTER

Räkneord

Grundtal	Ordningstal	Grundtal	Ordningstal
0 noll			
1 en/ett	första	11 elva	elfte
2 två	andra	12 tolv	tolfte
3 tre	tredje	13 tretton	trettonde
4 fyra	fjärde	14 fjorton	fjortonde
5 fem	femte	15 femton	femtonde
6 sex	sjätte	16 sexton	sextonde
7 sju	sjunde	17 sjutton	sjuttonde
8 åtta	åttonde	18 arton	artonde
9 nio	nionde	19 nitton	nittonde
10 tio	tionde	20 tjugo	tjugonde

21	tjugoen/ett	tjugoförsta
22	tjugotvå	tjugoandra
30	trettio	trettionde
40	fyrtio	fyrtionde
50	femtio	femtionde
60	sextio	sextionde
70	sjuttio	sjuttionde
80	åttio	åttionde
90	nittio	nittionde
100	hundra/etthundra	hundrade
101	hundraen/ett	hundraförsta
200	tvåhundra	tvåhundrade
1.000	tusen/ettusen	tusende
1.000.000	en miljon	miljonte

Substantiv

Singular		Plural	
obestämd form	bestämd form	obestämd form	bestämd form
1 en flicka	flickan	flickor	flickorna
2 en buss	bussen	bussar	bussarna
3 en telefon	telefonen	telefoner	telefonerna
4 ett kvitto	kvittot	kvitton	kvittona
5 ett tåg	tåget	tåg	tågen

Huvudregel:

1 Plural på **-or**: *en*-ord som slutar på **-a**.
  Exempel: en klocka — två klockor

2 Plural på **-ar**: *en*-ord som slutar på konsonant eller annan vokal än -a.
  Ex. en stol — två stolar, en tidning — två tidningar, en fru — två fruar.

3 Plural på **-er**: *en*-ord och några *ett*-ord. Låneord, ofta med betoning på sista stavelsen. Några substantiv får omljud.
  Ex. en text — två texter, en telefon — två telefoner, en stad — två städer

4 Plural på **-n**: *ett*-ord som slutar på vokal.
  Ex. ett äpple — två äpplen

5 Plural=**singular**: *ett*-ord som slutar på konsonant.
  En-ord som slutar på: **-are**
                          -ande och **-ende** (personer)
                          -er (yrke, nationalitet)
  Ex. ett päron — två päron
     en läkare — två läkare, en studerande — två studerande
     en tekniker — två tekniker, en iranier — två iranier

Se även s 106 *Några svåra substantiv*

Några svåra substantiv

1	en	ros	rosen	rosor	rosorna
2	en	kudde	kudden	kuddar	kuddarna
	en	gaffel	gaffeln	gafflar	gafflarna
	en	syster	systern	systrar	systrarna
	en	mo(de)r	modern	mödrar	mödrarna
	en	dotter	dottern	döttrar	döttrarna
	en	fröken	fröken	fröknar	fröknarna
	en	morgon	morgonen	morgnar	morgnarna
	en	sommar	sommaren	somrar	somrarna
3	en	bok	boken	böcker	böckerna
	en	fot	foten	fötter	fötterna
	en	son	sonen	söner	sönerna
	en	hand	handen	händer	händerna
	en	tand	tanden	tänder	tänderna
	en	strand	stranden	stränder	stränderna
	ett	land	landet	länder	länderna
	en	stad	staden	städer	städerna
	en	natt	natten	nätter	nätterna
	en	sko	skon	skor	skorna
	ett	museum	museet	museer	museerna
4	ett	öga	ögat	ögon	ögonen
	ett	öra	örat	öron	öronen
5	ett	fönster	fönstret	fönster	fönstren / fönsterna
	ett	nummer	numret	nummer	numren / nummerna
	ett	rum	rummet	rum	rummen
	en	lärare	läraren	lärare	lärarna
	en	tekniker	teknikern	tekniker	teknikerna
	en	studerande	studeranden	studerande	studerandena
	en	bro(de)r	brodern	bröder	bröderna
	en	fa(de)r	fadern	fäder	fäderna
	en	man	mannen	män	männen

Adjektiv

Singular		Plural
en-*ord*	**ett**-*ord*	

fin
  en fin blus
  blusen är fin
	fint
	  ett fint bälte
	  bältet är fint
		fina
		  två fina blusar/bälten
		  blusarna/bältena är fina

Några svåra adjektiv

ny	nytt	nya	vacker	vackert	vackra
vit	vitt	vita	enkel	enkelt	enkla
svart	svart	svarta	vaken	vaket	vakna
röd	rött	röda	gammal	gammalt	gamla
hård	hårt	hårda	dum	dumt	dumma
			liten	litet	små

Adjektiv+substantiv (efter vissa ord)

en någon fin blus ingen vilken	ett något fint bälte inget vilket	många några fina blusar inga bälten vilka
den den här fina blusen den där	det det här fina bältet det där	de de här fina blusarna de där bältena
min Evas fina blus samma denna	mitt Evas fina bälte samma detta	mina Evas fina blusar samma bälten dessa

OBSERVERA!

en liten blus	ett litet bälte	många små blusar bälten
den lilla blusen	det lilla bältet	de små blusarna bältena
min lilla blus	mitt lilla bälte	mina små blusar bälten

Adjektivets komparation

	Positiv	Komparativ	Superlativ	Sup. best. form
1		-are	-ast	-aste
	fin vacker enkel mogen dum	finare vackrare enklare mognare dummare	finast vackrast enklast mognast dummast	Ex. Var ligger den vackraste staden?
2		-re	-st	-sta
	hög stor ung tung låg lång	högre större yngre tyngre lägre längre	högst störst yngst tyngst lägst längst	Ex. Stockholm är Sveriges största stad.
3		-re	-st	-sta
	dålig bra/god gammal liten	sämre bättre äldre mindre	sämst bäst äldst minst	Ex. Min bästa vän heter Bo.
4		**mer**	**mest**	
	typisk intresserad spännande	mer typisk mer intresserad mer spännande	mest typisk mest intresserad mest spännande	

Ex. Åke är 80 år. Åke är gammal.

Anna är 90 år. Anna är äldre än Åke.

Eva är 95 år. Eva är äldst.

Adjektiv — adverb

Adverbet bestämmer adjektiv, verb och andra adverb.
Man kan bilda adverb av adjektiv. Man använder då adjektivets
t-form.

Ex. Eva är vacker.   Eva är väldigt vacker.
                                  Eva sjunger vackert.
                                  Eva sjunger väldigt vackert.

Jämför adjektiv och adverb!

Adjektivet böjs.   Adverbet böjs inte.

Ex. Flickan är lugn.   Flickan sover lugnt.
    Barnet är lugnt.   Barnet sover lugnt.
    Flickorna är lugna.   Flickorna sover lugnt.
    Barnen är lugna.   Barnen sover lugnt.

OBSERVERA!

Adjektivformerna används vid vissa verb, t ex

vara
bli
känna sig
se . . . ut

Ex. Pojken är snabb.   Pojken springer snabbt.
    Flickan blev glad.   Flickan skrattade glatt.
    Föräldrarna kände sig oroliga. Föräldrarna sov oroligt.
    Äpplet såg gott ut.   Äpplet smakade gott.

Pronomen

Personliga

subjekt	objekt
jag	mig
du	dig
han	honom
hon	henne
den	den
det	det
vi	oss
ni	er
de	dem

Ex. Eva tvättar Karin.
Hon tvättar henne.

Reflexiva

jag	mig
du	dig
han	sig
hon	sig
den	sig
det	sig
vi	oss
ni	er
de	sig

Eva tvättar Eva.
Hon tvättar sig.

Possessiva

		en-*ord*	**ett**-*ord*	*plural*
jag	—	min	mitt	mina
du	—	din	ditt	dina
han	—	hans	hans	hans
hon	—	hennes	hennes	hennes
den	—	dess	dess	dess
det	—	dess	dess	dess
vi	—	vår	vårt	våra
ni	—	er	ert	era
de	—	deras	deras	deras

Ex. Eva talar med Karins bror.
Hon talar med hennes bror.

Reflexivt possessiva

	en-*ord*	**ett**-*ord*	*plural*
han	sin	sitt	sina
hon	sin	sitt	sina
den	sin	sitt	sina
det	sin	sitt	sina
de	sin	sitt	sina

Eva talar med Evas bror.
Hon talar med sin bror.

Eva talar med Evas barn.
Hon talar med sitt barn.

Eva talar med Evas föräldrar.
Eva talar med sina föräldrar.

Indefinita

en-*ord*	ett-*ord*	*plural*
någon	något	några
ingen	inget	inga
annan	annat	andra
var	vart	

man (subjekt)
en (objekt)
ens/sin, sitt, sina

Ex. Har du någon bil (något hus, några böcker)?
Nej, jag har ingen bil (inget hus, inga böcker).

Jag skulle vilja ha en annan våning (ett annat hus, andra möbler).

Var dag=varje dag
Vart år =varje år

Man vet inte vad som väntar en i livet.

Man ska vara rädd om sina vänner.

Ibland vet man inte vad ens grannar heter.

Vid en poliskontroll brukar polisen kontrollera ens körkort.

Demonstrativa

en-*ord*	ett-*ord*	*plural*
den (här)	det (här)	de (här)
(där)	(där)	(där)

Interrogativa

Subjekt i bisats

vad	vad som
vem, vilka	vem som, vilka som
vilken storlek (vad ... för storlek)	vilken storlek som
vilket material (vad ... för material)	vilket material som
vilka affärer (vad ... för affärer)	vilka affärer som

Ex. Vad har hänt?   Jag undrar vad som har hänt.
    Vilken ost är billigast?   Jag undrar vilken ost som är billigast.

Verb

Verbens böjning

Grupp 1 *Grupp 2* *Grupp 3*

infinitiv	städa	stänga	köra	läsa	sy
imperativ	städa!	stäng!	kör!	läs!	sy!
presens	städar	stänger	kör	läser	syr
preteritum	städade	stängde	körde	läste	sydde
supinum	städat	stängt	kört	läst	sytt
perfekt particip	städad städat städade	stängd stängt stängda	körd kört körda	läst läst lästa	sydd sytt sydda

Grupp 4

infinitiv	skriva	säga	göra	sätta	se
imperativ	skriv!	säg!	gör!	sätt!	se!
presens	skriver	säger	gör	sätter	ser
preteritum	skrev	sa(de)	gjorde	satte	såg
supinum	skrivit	sagt	gjort	satt	sett
perfekt particip	skriven skrivet skrivna	sagd sagt sagda	gjord gjort gjorda	satt satt satta	sedd sett sedda

Presens particip: **-ande** lekande   (infinitiv på **-a**)
kommande
jourhavande

-ende leende   (infinitiv på **annan vokal** än -a)
avgående
förstående

Se även ss 118—119 *Några regler för användning av tempus*
Exempel på användning av några verbformer

Oregelbundna verb

Infinitiv	Imperativ	Presens	Preteritum	Supinum	Perf. part.
be(dja)	be!	ber	bad	bett	-bedd
binda	bind!	binder	band	bundit	bunden
bita	bit!	biter	bet	bitit	biten
bjuda	bjud!	bjuder	bjöd	bjudit	bjuden
bli(va)	bli!	blir	blev	blivit	-bliven
brinna	brinn!	brinner	brann	brunnit	brunnen
bryta	bryt!	bryter	bröt	brutit	bruten
bära	bär!	bär	bar	burit	buren
böra	—	bör	borde	bort	—
dra(ga)	dra!	drar	drog	dragit	dragen
dricka	drick!	dricker	drack	druckit	drucken
dö	dö!	dör	dog	dött	—
falla	fall!	faller	föll	fallit	fallen
fara	far!	far	for	farit	faren
finna	finn!	finner	fann	funnit	funnen
finnas	—	finns	fanns	funnits	—
flyga	flyg!	flyger	flög	flugit	-flugen
flyta	flyt!	flyter	flöt	flutit	-fluten
frysa	frys!	fryser	frös	frusit	frusen
få	—	får	fick	fått	—
försvinna	försvinn!	försvinner	försvann	försvunnit	försvunnen
ge (giva)	ge!	ger	gav	gett, givit	given
glädja	gläd!	gläder	gladde	glatt	—
gripa	grip!	griper	grep	gripit	gripen
gråta	gråt!	gråter	grät	gråtit	-gråten
gå	gå!	går	gick	gått	gången
göra	gör!	gör	gjorde	gjort	gjord
ha	ha!	har	hade	haft	-havd
heta	—	heter	hette	hetat	—
hinna	hinn!	hinner	hann	hunnit	hunnen
hålla	håll!	håller	höll	hållit	hållen
knyta	knyt!	knyter	knöt	knutit	knuten
komma	kom!	kommer	kom	kommit	kommen
kunna	—	kan	kunde	kunnat	—

Infinitiv	Imperativ	Presens	Preteritum	Supinum	Perf. part.
le	le!	ler	log	lett	—
lida	lid!	lider	led	lidit	liden
ligga	ligg!	ligger	låg	legat	-legad
ljuga	ljug!	ljuger	ljög	ljugit	-ljugen
låta	låt!	låter	lät	låtit	-låten
lägga	lägg!	lägger	la(de)	lagt	lagd
—	—	måste	måste	måst	—
njuta	njut!	njuter	njöt	njutit	njuten
rida	rid!	rider	red	ridit	riden
rinna	rinn!	rinner	rann	runnit	runnen
riva	riv!	river	rev	rivit	riven
se	se!	ser	såg	sett	sedd
sitta	sitt!	sitter	satt	suttit	-sutten
sjunga	sjung!	sjunger	sjöng	sjungit	sjungen
sjunka	sjunk!	sjunker	sjönk	sjunkit	sjunken
skilja	skilj!	skiljer	skilde	skilt	skild
skina	skin!	skiner	sken	skinit	—
skjuta	skjut!	skjuter	sköt	skjutit	skjuten
skola	—	ska(ll)	skulle	skolat	—
skrika	skrik!	skriker	skrek	skrikit	—
skriva	skriv!	skriver	skrev	skrivit	skriven
skryta	skryt!	skryter	skröt	skrutit	—
skära	skär!	skär	skar	skurit	skuren
slippa	slipp!	slipper	slapp	sluppit	—
slita	slit!	sliter	slet	slitit	sliten
slå	slå!	slår	slog	slagit	slagen
smörja	smörj!	smörjer	smorde	smort	smord
snyta	snyt!	snyter	snöt	snutit	snuten
sova	sov!	sover	sov	sovit	—
spricka	sprick!	spricker	sprack	spruckit	sprucken
springa	spring!	springer	sprang	sprungit	sprungen
sticka	stick!	sticker	stack	stuckit	stucken
stiga	stig!	stiger	steg	stigit	-stigen
stjäla	stjäl!	stjäl	stal	stulit	stulen
strida	strid!	strider	stred	stridit	-stridd
stryka	stryk!	stryker	strök	strukit	struken
stå	stå!	står	stod	stått	-stådd
svida	—	svider	sved	svidit	—
svälja	svälj!	sväljer	svalde	svalt	svald
säga	säg!	säger	sa(de)	sagt	sagd
sälja	sälj!	säljer	sålde	sålt	såld
sätta	sätt!	sätter	satte	satt	satt

Infinitiv	Imperativ	Presens	Preteritum	Supinum	Perf. part.
ta(ga)	ta!	tar	tog	tagit	tagen
tiga	tig!	tiger	teg	tigit	—
vara	var!	är	var	varit	—
veta	vet!	vet	visste	vetat	—
vilja	—	vill	ville	velat	—
vinna	vinn!	vinner	vann	vunnit	vunnen
vrida	vrid!	vrider	vred	vridit	vriden
välja	välj!	väljer	valde	valt	vald
vänja	vänj!	vänjer	vande	vant	vand
växa	väx!	växer	växte	växt, vuxit	vuxen
äta	ät!	äter	åt	ätit	äten

Oregelbundna verb (vokalväxling)

Infinitiv	Imperativ	Presens	Preteritum	Supinum	Perf. part.
a			**o**	**a**	
dra(ga)	dra!	drar	drog	dragit	dragen
fara	far!	far	for	farit	faren
ta(ga)	ta!	tar	tog	tagit	tagen
i			**a**	**u**	
binda	bind!	binder	band	bundit	bunden
brinna	brinn!	brinner	brann	brunnit	brunnen
dricka	drick!	dricker	drack	druckit	drucken
finna	finn!	finner	fann	funnit	funnen
finnas	—	finns	fanns	funnits	—
försvinna	försvinn!	försvinner	försvann	försvunnit	försvunnen
hinna	hinn!	hinner	hann	hunnit	hunnen
rinna	rinn!	rinner	rann	runnit	runnen
sitta	sitt!	sitter	satt	suttit	-sutten
slippa	slipp!	slipper	slapp	sluppit	—
spricka	sprick!	spricker	sprack	spruckit	sprucken
springa	spring!	springer	sprang	sprungit	sprungen
sticka	stick!	sticker	stack	stuckit	stucken
vinna	vinn!	vinner	vann	vunnit	vunnen
i			**e**	**i**	
bita	bit!	biter	bet	bitit	biten
bli(va)	bli!	blir	blev	blivit	-bliven
gripa	grip!	griper	grep	gripit	gripen
lida	lid!	lider	led	lidit	liden
rida	rid!	rider	red	ridit	riden
riva	riv!	river	rev	rivit	riven
skina	skin!	skiner	sken	skinit	—
skrika	skrik!	skriker	skrek	skrikit	—
skriva	skriv!	skriver	skrev	skrivit	skriven
slita	slit!	sliter	slet	slitit	sliten
stiga	stig!	stiger	steg	stigit	-stigen
strida	strid!	strider	stred	stridit	-stridd
svida	—	svider	sved	svidit	—
tiga	tig!	tiger	teg	tigit	—
vrida	vrid!	vrider	vred	vridit	vriden
o			**o**	**o**	
komma	kom!	kommer	kom	kommit	kommen
sova	sov!	sover	sov	sovit	—

Infinitiv	Imperativ	Presens	Preteritum	Supinum	Perf. part.
u			**ö**	**u**	
bjuda	bjud!	bjuder	bjöd	bjudit	bjuden
duga	—	duger	dög	dugt	—
ljuga	ljug!	ljuger	ljög	ljugit	-ljugen
njuta	njut!	njuter	njöt	njutit	njuten
sjunga	sjung!	sjunger	sjöng	sjungit	sjungen
sjunka	sjunk!	sjunker	sjönk	sjunkit	sjunken
skjuta	skjut!	skjuter	sköt	skjutit	skjuten
y			**ö**	**u**	
bryta	bryt!	bryter	bröt	brutit	bruten
flyga	flyg!	flyger	flög	flugit	-flugen
flyta	flyt!	flyter	flöt	flutit	-fluten
frysa	frys!	fryser	frös	frusit	frusen
knyta	knyt!	knyter	knöt	knutit	knuten
skryta	skryt!	skryter	skröt	skrutit	—
snyta	snyt!	snyter	snöt	snutit	snuten
stryka	stryk!	stryker	strök	strukit	struken
å			**i**	**å**	
få	—	får	fick	fått	—
gå	gå!	går	gick	gått	gången
å			**ä**	**å**	
gråta	gråt!	gråter	grät	gråtit	-gråten
låta	låt!	låter	lät	låtit	-låten
ä			**a**	**a**	
glädja	gläd!	gläder	gladde	glatt	—
lägga	lägg!	lägger	la(de)	lagt	lagd
säga	säg!	säger	sa(de)	sagt	sagd
sätta	sätt!	sätter	satte	satt	satt
svälja	svälj!	sväljer	svalde	svalt	svald
välja	välj!	väljer	valde	valt	vald
vänja	vänj!	vänjer	vande	vant	vand
ä			**a**	**u**	
bära	bär!	bär	bar	burit	buren
skära	skär!	skär	skar	skurit	skuren
stjäla	stjäl!	stjäl	stal	stulit	stulen
ä			**å**	**ä**	
äta	ät!	äter	åt	ätit	äten

Infinitiv	Imperativ	Presens	Preteritum	Supinum	Perf. part.
ö			o	o	
böra	—	bör	borde	bort	—
göra	gör!	gör	gjorde	gjort	gjord
smörja	smörj!	smörjer	smorde	smort	smord

Några regler för användning av tempus

Presens

Ex. Eva arbetar nu. — nutid *present*
Eva arbetar i morgon. — framtid med preciserad tidpunkt

Preteritum (imperfekt)

past with stated point in time
Ex. Eva arbetade igår. — dåtid med preciserad tidpunkt

Perfekt

without
Ex. Eva har arbetat på NK. — dåtid utan preciserad tidpunkt, avslutad aktivitet *finished activity*
Eva har arbetat i två timmar nu. — dåtid+nutid; påbörjad men inte avslutad aktivitet

Pluskvamperfekt

Ex. När Eva hade arbetat på NK i två år, bytte hon jobb. — dåtid; den ena aktiviteten avslutad före den andra

Futurum

Ex. Eva ska arbeta (i morgon). — framtid med eller utan preciserad tidpunkt
Eva arbetar i morgon. — framtid med preciserad tidpunkt

Exempel på användning av några verbformer

Infinitiv

Infinitiv använder man:
- efter infinitivmärket **att**   Han gillar att köra bil.
- efter **hjälpverb**   Han vill läsa nu.
- efter **vissa verb,**
  t ex bruka, behöva, tänka, orka,   Han brukar köra bil till skolan.
  hinna (försöka, börja och sluta)   Det börjar (att) regna nu.

Imperativ

Imperativ uttrycker en uppmaning.   Kör sakta!

Supinum

Supinum använder man efter **har**
och **hade**.   Han har slutat skolan.
                                   När Bo kom hem, hade Lisa lagat middag.

Perfekt particip

Perfekt particip använder man för det mesta som ett adjektiv.
Perfekt particip böjs.

våningen är städad	rummet är städat	våningarna är städade rummen är städade
en städad våning	ett städat rum	två städade våningar två städade rum
den städade våningen	det städade rummet	de städade våningarna de städade rummen
deras städade våning	deras städade rum	deras städade våningar deras städade rum

OBSERVERA!

Ibland har verbet en partikel, t ex **äta upp:**

biffen är uppäten	äpplet är uppätet	biffarna är uppätna äpplena är uppätna

Presens particip

Presens particip använder man t ex som

a) ett adjektiv.

  en jourhavande läkare   en förstående man
  ett kommande program   ett leende barn
  lekande barn   avgående tåg

b) ett substantiv

  en studerande, ett meddelande, ett leende

c) tillsammans med rörelseverb

  Han kom cyklande på sin nya cykel.

Presens particip böjs inte.

Passiv

	Grupp 1	Grupp 2			Grupp 3
infinitiv	hämtas	beställas	hyras	bytas	sys
presens	hämtas	beställ(e)s	hyr(e)s	byt(e)s	sys
preteritum	hämtades	beställdes	hyrdes	byttes	syddes
supinum	hämtats	beställts	hyrts	bytts	sytts

	Grupp 4				
infinitiv	skrivas	läggas	göras	sättas	ses
presens	skriv(e)s	lägg(e)s	gör(e)s	sätt(e)s	ses
preteritum	skrevs	la(de)s	gjordes	sattes	sågs
supinum	skrivits	lagts	gjorts	satts	setts

Ex. Paketet hämtas av Eva. =Eva hämtar paketet.
    Paket hämtas i lucka 2. =Man hämtar paket i lucka 2.

Passiv kan också uttryckas med någon form av **bli**+perfekt particip.

Ex. Maten blir hämtad. (hämtas)
    Maten blev hämtad. (hämtades)
    Maten har blivit hämtad. (har hämtats)
    Maten ska bli hämtad. (ska hämtas)

Några s-verb

Deponens

	Grupp 1	Grupp 2		Grupp 4
infinitiv	andas	minnas	kräkas	finnas
imperativ	andas!	minns!	kräks!	
presens	andas	minns	kräks	finns
preteritum	andades	mindes	kräktes	fanns
supinum	andats	mints	kräkts	funnits

Ex. Andas djupt!
    Hon minns mycket från sin barndom.
    Hon har kräkts hela natten.
    Det finns fyra våningar i huset.

Reciproka verb

(träffas=träffa varandra)

	Grupp 1	Grupp 2		Grupp 4
infinitiv	träffas	höras	mötas	ses
presens	träffas	hörs	möts	ses
preteritum	träffades	hördes	möttes	sågs
supinum	träffats	hörts	mötts	setts

Ex. De träffades första gången i Paris.
Vi hörs i morgon.
Vi möts på bussen varje dag.
Har vi inte setts förr?

OBSERVERA!
Vid reciproka verb måste man ha ett subjekt i plural.

Prepositioner

Prepositioner i tidsuttryck

Tidpunkt	Tidslängd	Frekvens

När?
om ett år
för ett år **sedan**
 	
Eva ska börja arbeta om en vecka.
Hon fick barn för ett år sedan.
	Hur länge?
	i ett år
	Eva har bott i Lund i ett år.
	
	inte ... på ett år
	Eva har inte varit i Umeå på ett år.
	
	Hur snabbt?
	på tio minuter
	Hon går till skolan på tio minuter.
		Hur ofta?
		i kvartalet
		    månaden
		    veckan
		    timmen
		    minuten
		    sekunden
		om året
		    dygnet
		    dagen
		
		Han betalar hyran en gång i månaden.
		Han åker till London en gång om året.

Förra...	Nu	Nästa...	Varje...
Delar av dagen			
i morse		i morgon bitti	på morgonen, på morgnarna
igår kväll	i kväll	i kväll	på kvällen på kvällarna
i natt	i natt	i natt	på natten, på nätterna
Jag försov mig i morse.		Jag ska gå till doktorn i morgon bitti.	Han börjar kl 9 på morgonen.
Det var svårt att somna igår kväll.	Det är varmt ute i kväll. Vi sitter ute och äter.	Det ska bli regn i kväll.	Han slutar kl 6 på kvällen
Jag vaknade kl 2 i natt.	Fy, vad det blåser i natt. Jag kan inte sova.	Hon ska arbeta i natt.	Ibland arbetar han på nätterna.

Förra...	Nu	Nästa...	Varje...
Veckodagar			
i lördags I lördags regnade det hela dagen.		**på** lördag På lördag ska vi gå på bio.	**på** lördagar(na) På lördagar stänger affärerna tidigt.
Årstider/helger			
i höstas **i** julas Jag var i Madrid i höstas. Han var hos Bo i julas.	**i** höst **i** jul I höst är det vackert väder. Så synd att det inte är någon snö i jul.	**i** höst, **till** hösten **i** jul, **till** jul Han ska börja på universitetet till hösten. Vad ska du göra i jul?	**på** hösten, **på** höstarna **på** julen, **på** jularna På hösten plockar man svamp. På jularna är jag alltid hemma.

Adverb

Rumsadverb

Vart?	Var?	Varifrån?
ut	ute	utifrån
in	inne	inifrån
upp	uppe	uppifrån
ner	nere	nerifrån
hem	hemma	hemifrån
bort	borta	bortifrån
fram	framme	framifrån
hit	här	härifrån
dit	där	därifrån

Ex. Hon kommer hem klockan tre på eftermiddagen.
På kvällen sitter Eva hemma och studerar.
Eva går hemifrån klockan åtta på morgonen.

Ordföljd

S=subjekt, V^1=finita verbet, O=objekt, A=adverbial
 första verbet
X=satsadverbial, t ex inte, alltid, aldrig ...

Huvudsats (HS) En huvudsats kan stå ensam. Den kan vara
 a) ett påstående (.)
 b) en fråga (?)
 c) en uppmaning (!)

Han (S)	äter V^1		smörgås (O)	på morgonen (A)

	Äter	han	smörgås	på morgonen?
Vad	äter	han		på morgonen?
Smörgås	äter	han		på morgonen.
När	äter	han	smörgås?	
På morgonen	äter	han	smörgås.	
Innan han går ut,	äter	han	smörgås.	
	Ät		smörgås	på morgonen!

Han (S)	vill (V^1)	äta	smörgås (O)	på morgonen (A).

	Vill	han	äta	smörgås	på morgonen?
Vad	vill	han	äta		på morgonen?
Smörgås	vill	han	äta		på morgonen.
När	vill	han	äta	smörgås?	
På morgonen	vill	han	äta	smörgås.	
Innan han går ut,	vill	han	äta	smörgås.	

Huvudsats   *Huvudregel*

$\boxed{\begin{array}{c} S - V^1 \\ V^1 - S \end{array}}$ X   Subjektet står *före* första verbet när subjektet *börjar* en sats.
I andra fall står subjektet *efter* första verbet.
Satsadverbial står *efter gruppen* $S - V^1$, $V^1 - S$.

Bisats (BS)

En bisats är en sats som står tillsammans med en huvudsats.
Bisatsen kan inte stå ensam. En bisats börjar med:
— en underordnande konjunktion, t ex att, om, därför att, innan
— ett frågande adverb, t ex var, när
— ett relativt pronomen eller adverb, t ex som, där

Han säger │ att │ han kommer.

Jag undrar │ varför │ han kommer.

Jag går │ om │ han kommer.

│ Om │ han kommer går jag.

AB Larsson har ett arbete │ som │ jag söker.

Han säger │ att │ han har kommit.

Jag undrar │ varför │ han har kommit.

Jag går │ om │ han har kommit.

│ Om │ han har kommit går jag.

AB Larsson har ett arbete │ som │ jag ska söka.

Bisats   *Huvudregel*

│ S X V¹ │   Subjektet står alltid *före* första verbet.
               Satsadverbialet (X) står mellan S och V¹.

Satsadverbial

absolut	egentligen	kanske	slutligen	vanligen
aldrig	faktiskt	möjligen	snart	verkligen
alltid	för det mesta	nog	säkert	väl
antagligen	gärna	också	sällan	äntligen
bara	inte	ofta	troligen	etc
dessutom	ju	redan	tyvärr	

Dessa satsadverbial har alltså olika placering i huvudsats och bisats.

HS: Han gillar inte te.   Han har aldrig gillat te.
     Kommer han inte?   Har han inte kommit?

BS: Han säger att han inte gillar te.
     Han säger att han aldrig har gillat te.
     Hon frågar om han inte kommer.
     Hon frågar om han inte har kommit.

Konjunktioner

Samordnande
(står mellan satser eller satsdelar av samma slag)

och	Eva arbetar på ett kontor, **och** hennes man arbetar i en affär. (huvudsats+huvudsats)
	Han köper frukt **och** grönsaker. (objekt+objekt)
	Han säger att han är hungrig **och** att han vill ha mat. (bisats+bisats)
samt=och	Hon köpte koppar och glas **samt** en kaffekanna.
eller	Eva brukar cykla **eller** åka buss till arbetet.
både ... och	**Både** Lisa **och** Göran kommer på festen. Lisa dricker **både** kaffe **och** juice. Lisa vill **både** arbeta **och** studera.
varken ... eller	**Varken** Karin **eller** Tom kommer på festen. Lena dricker **varken** kaffe **eller** te. Barnet vill **varken** äta **eller** dricka.
antingen ... eller	I kväll kommer **antingen** Anna **eller** Kurt. Per äter **antingen** gröt **eller** smörgås till frukost. Karin brukar **antingen** gå **eller** cykla till arbetet.
men	Hon vill komma, **men** hon kan inte.
inte ... utan	Hon ska **inte** åka buss **utan** tåg till Stockholm.
för	Hon ringde doktorn igen, **för** hon hade inte blivit bra.
så	Brödet är slut, **så** jag måste baka idag.

Underordnande (börjar en bisats)

Allmänt underordnande

att	Han säger **att** han inte mår bra.

Interrogativa

om	Han frågar **om** jag inte vill komma.

Temporala

när	Hon fick penicillin **när** hon var sjuk. Han går ut **när** han har läst läxan.
medan	Han hör på radio **medan** han lagar mat.
innan	Hon låser dörren **innan** hon går hemifrån.
tills	Barnen var ute och lekte **tills** det blev mörkt.
inte ... förrän	Han vaknade **inte förrän** väckarklockan ringde.

Kausala

därför att, eftersom	Han är hemma **därför att** (**eftersom**) han är sjuk. **Eftersom** han är sjuk är han hemma.

Konditionala

om/ifall	Vi ska göra en utflykt i morgon **om** det blir vackert väder.

Koncessiva

trots att/fast(än)	Han arbetar **trots att** han har feber.
även om	**Även om** det regnar och blåser, måste jag gå ut med hunden. **Även om** det är svårt måste du försöka.

Finala

för att	Hon vidareutbildar sig **för att** hon ska få ett bättre arbete. Hon vidareutbildar sig **för att** få ett bättre arbete.

Konsekutiva

så (...) att	Det blåste **så att** man inte kunde gå ut. Hon rökte **så** mycket **att** hon fick ont i halsen.

Komparativa

som	Lars är lika bra **som** Eva i matte. Lars har samma betyg **som** Eva i matte. Gör nu (så) **som** jag säger!
än	Han är piggare i dag **än** han var igår.
ju ... desto	**Ju** mer man solar **desto** brunare blir man.

Deskriptiva

utan att	Hon sprang 1.000 m **utan att** hon blev trött. Hon sprang 1.000 m **utan att** bli trött.
genom att	Han blev rik **genom att** han vann på Lotto. Han blev rik **genom att** vinna på Lotto.

Några vanliga förkortningar i svenskan

bl a	bland annat	m fl	med flera
ca	cirka	m m	med mera
dvs	det vill säga	nr	nummer
etc	et cetera	osv	och så vidare
f d	före detta	p g a	på grund av
f n	för närvarande	s k	så kallad
fr o m	från och med	t ex	till exempel
kl	klockan	t o m	till och med